La
ORACIÓN
de JABES
DEVOCIONAL

BRUCE WILKINSON
con DAVID KOOP

EDITORIAL UNILIT

Publicado por
Editorial Unilit
Miami, Fl. 33172
Derechos reservados

© 2002 Editorial Unilit (Spanish translation)
Primera edición 2002

© 2001 por Bruce Wilkinson
Originalmente publicado en inglés con el título: *The Prayer of Jabez Devotional* por:
        Multnomah Publishers, Inc.
        204 W. Adams Avenue, P. O. Box 1720
        Sisters, Oregon 97759 USA

Todos los derechos reservados.

Originally published in English under the title: *The Prayer of Jabez Devotional*
Copyright © 2001 by Bruce Wilkinson
Published by:
        Multnomah Publishers, Inc.
        204 W. Adams Avenue, P. O. Box 1720
        Sisters, Oregon 97759 USA
All rights reserved.

Todos los derechos de publicación con excepción del idioma inglés son contratados
exclusivamente por:
        Gospel Literature International,
        P. O. Box 4060, Ontario,
        CA 91761-1003, USA.

(All non-English rights are contracted through Gospel Literature International.)

Diseño de la cubierta: David Carlson
Fotografía de la cubierta: Tatsuhiko Shimada/Photonica

Traducido al español por: Andrés Carrodeguas

Citas bíblicas tomadas de la Santa Biblia, revisión 1960 © Sociedades Bíblicas
Unidas y la "Biblia de las Américas", © 1986 The Lockman Foundation.
Usadas con permiso.

Producto 495241
ISBN 0-7899-0992-8
Impreso en Colombia
Printed in Colombia

CONTENIDO

TERCERA SEMANA

CUARTA SEMANA

EPÍLOGO

PREPÁRESE *para el* MILAGRO DE JABES

S e les podría llamar las "huellas digitales" de Dios. De repente, comenzamos a verlas cada vez más en toda nuestra vida. Encuentros inexplicables. Pequeños milagros. Grandes respuestas a peticiones sencillas que hace muy poco tiempo no habríamos sido capaces de expresar. Vemos por todas partes unos indicios sorprendentes, unas señales reveladoras y unas pruebas inolvidables de que una mano divina ha tocado nuestra vida.

Es como si Dios se inclinara, oyera que le estamos suplicando algo improbable y exclamara: "¡He estado *esperando* oír que me pedías eso!" Y desde entonces, nada ha sido como antes.

Bienvenido a "la vida después de Jabes". Si usted ha estado haciendo esta sencilla oración, tal vez motivado a hacerla por mi libro *La oración de Jabes,* sabrá de lo que estoy hablando. Tal vez tenga unas cuantas historias propias al estilo de Jabes, que quiera compartir con sus amistades. Pero ahora, después de haberse embarcado en uno de los períodos más prometedores de su vida, no quiere perderse ni un solo minuto. Quiere ser cada vez más fuerte y eficaz en sus nuevas aventuras espirituales. Y sobre todo, quiere experimentar el milagro de una manera más personal cada día.

Este volumen, *Devocionario de la oración de Jabes,* ha sido ideado pensando en usted y en *su milagro.* Cada una de sus páginas lleva la intención de ayudarlo a convertir en hábito de toda la vida la costumbre de comenzar cada día con la expectativa de ver lo sobre-natural y participar en ello con Dios. Aquí lo guiaremos y animaremos personalmente, mientras sigue caminando por una senda de milagros.

Aunque usted no tenga la menor idea de qué es todo esto de los milagros, *Devocionario de la oración de Jabes* es para usted también. ¿Por qué? En las próximas páginas le presentaré a un hombre llamado Jabes, y su osada manera de orar. Lo ayudaré a ver, quizá por vez primera, las extraordinarias dimensiones de lo que Dios quiere para usted. Así podrá comenzar hoy a alcanzar una vida de bendición.

Si aún no ha visto el relato sobre Jabes, tómese un minuto para hacerlo. Se encuentra en 1 Crónicas 4, enterrado en medio de unos capítulos que se hallan entre los más intimidantes —y francamente poco interesantes— de la Biblia. Los nueve primeros capítulos de este libro de historia están compuestos por genealogías. El escritor va siguiendo el árbol genealógico oficial judío desde Adán a lo largo de miles de años hasta sus tiempos, alrededor del año 500 a.C. En semejante tarea entran centenares de nombres, la mayoría de ellos extraños y difíciles de pronunciar.

En medio de su letanía, el cronista se detiene. Hay un nombre que merece un comentario especial. Desarrolla la más breve de las biografías. En solo dos versículos, el 9 y el 10, nos da a conocer todo lo que dice la Biblia sobre este hombre llamado Jabes:

> *Y Jabes fue más ilustre que sus hermanos, y su madre lo llamó Jabes, diciendo: Porque lo di a luz con dolor. Jabes invocó al Dios de Israel, diciendo: ¡Oh, si en verdad me bendijeras, ensancharas mi territorio, y tu mano estuviera conmigo y me guardaras del mal para que no me causara dolor! Y Dios le concedió lo que pidió.*

Eso es todo: la historia de un hombre que comenzó con poco más que unas sombrías perspectivas, lanzó el clamor de una sencilla oración, y terminó siendo un hombre honorable ante los ojos de Dios.

¿Por qué es tan cautivante esta minibiografía? En primer lugar, en la historia de Jabes encontramos registrada su transformación personal. Vemos el principio, el medio y el final. Hasta se nos dice por qué y cómo se produjo aquella transformación tan radical.

Si Jabes estuviera hoy con nosotros, le diría enseguida que su pequeña oración no tiene poderes especiales, ni está formada por palabras mágicas. Pero también le diría que si se quiere adentrar en los grandes propósitos de Dios para su vida —por poco prometedoras que parezcan en estos momentos sus circunstancias—, y quiere apoderarse de eso extravagantemente mejor que Dios tiene para usted con todo el corazón, la mente y la voluntad, entonces solo se halla a una oración de distancia.

El cambio personal comienza para cada uno de nosotros cuando clamamos a Dios para pedirle *lo que Él quiere para nosotros* con las manos abiertas y el corazón expectante. Hacemos nuestra osada petición y esperamos ante nuestro amoroso Padre. Aquí comienzan también los milagros. Y a partir de mi propia vida le puedo asegurar que van a continuar mientras usted siga esperando ante Él con valentía y con la confianza de un niño.

A medida que se vaya presentando ante Dios cada día lleno de expectación para orar con desespero y confianza al mismo tiempo, su propia historia irá cambiando. Verá nuevos comienzos y nuevas oportunidades. Tendrá nuevos pensamientos. El curso de su vida cambiará.

Para ayudarle a sacar el mejor partido posible de esta emocionante temporada de su vida, le recomiendo encarecidamente que use el *Diario de la oración de Jabes*, el libro que acompaña a este devocionario.

Va a descubrir muy pronto que guardar un registro escrito lo ayudará a mantener alerta su corazón y su mente a lo que Dios está haciendo a diario en usted y alrededor de usted. Es difícil insistir demasiado en lo beneficiosa que es esta disciplina. Sin un registro escrito de su caminar con Dios, los clamores de su corazón pueden quedar sin expresar, las evidencias de su transformación sin descubrir y la prueba que constituyen las asombrosas respuestas de Dios, sin tener en cuenta. Y eso sería un terrible desperdicio.

Recuerde que usted está buscando con todas sus fuerzas la bendición de un Dios que puede "hacer todas las cosas mucho más abundantemente de lo que pedimos o entendemos, según el poder que actúa en nosotros" (Efesios 3:20). ¡A Él sea la gloria!

Que el Señor lo guíe y fortalezca mientras camina hacia delante con Él, y que lo bendiga *de verdad*.

—*Bruce Wilkinson*

Jabes invocó al Dios de Israel, diciendo:

¡Oh, si en verdad me bendijeras,

ensancharas mi territorio,

y tu mano estuviera conmigo

y me guardaras del mal para

que no me causara dolor!

Y Dios le concedió

lo que pidió.

Primera Semana

✺

"¡SEÑOR, DAME BENDICIÓN!"

La bendición del Señor es la que enriquece,
y El no añade tristeza con ella.

PROVERBIOS 10:22

El favor *del* Padre

Antes bien, como está escrito: Cosas que ojo no vio, ni oído oyó, ni han subido en corazón de hombre, son las que Dios ha preparado para los que le aman.

1 Corintios 2:9

Recuerdo la noche en que mi hijo David me pidió una bendición. La familia estaba sentada en la sala de estar, conversando tranquilamente. Acababa de observar que David, que tenía entonces veintitrés años, no había dicho gran cosa en largo rato. Entonces fue cuando habló:

—Papá, te quiero hacer una pregunta. ¿Me querrías bendecir?

Su madre y su hermana se le quedaron mirando. Yo también. Su petición parecía haber salido de la nada.

—David, tú sabes que yo te bendigo —le dije.

—No, papá. Quiero que me bendigas *de verdad*.

Se levantó, caminó hasta el sillón donde yo estaba sentado y se arrodilló frente a mí. Entoces se quedó esperando con la cabeza inclinada, sin mirar hacia arriba siquiera.

¿Sabe lo que me inundó el corazón en aquellos instantes? Sentí un inmenso anhelo de derramar sobre él cuanta cosa buena me fuera posible. Allí tenía a mi propio hijo a mis pies, diciéndome de palabra y obra que lo que más quería era lo que solo yo, su padre, le podía dar.

Le puse las manos en los hombros y comencé a orar. Oré por su mente, su salud, sus intereses y capacidades, por sus amistades y su trabajo, por su ministerio, por sus sueños para el futuro; por todos los aspectos de su vida. En el nombre de Jesús, derramé sobre él una bendición tras otra. Y no me detuve hasta no estar seguro de que no solo *había sido* bendecido, sino que *se sentía* bendecido.

Estoy seguro de que sabe por qué le estoy contando esta historia de la familia Wilkinson. Comenzamos a vivir el milagro de Jabes en un momento como el que acabo de describir. Usted está arrodillado ante su Padre. Hay algo que necesita, algo que anhela con todo el corazón. No lo puede hacer, comprar ni hallar en ningún otro lugar. Solo su Padre celestial se lo puede conceder: es su bendición divina. Y el corazón de Él se siente desbordado ahora mismo con el intenso anhelo de dársela.

Jabes nunca habría pensado en acercarse a Dios para pedirle una bendición, si no hubiera comprendido algo que es esencial acerca del Dios de Israel. Este Dios *quería* bendecir a los suyos.

¿Y usted? ¿Siente que Él lo quiere bendecir, o que no quiere hacerlo? Tal vez esté pensando: *No estoy convencido de que Dios me quiera bendecir. No me parece que me lo haya ganado. Y en realidad, no estoy seguro de que tenga interés en mí.*

Hoy quiero que escuche lo que Dios dice acerca de su propia naturaleza. Después, lo invito a deshacerse de sus conceptos erróneos acerca de Él, y aceptar como cierto lo que dice sobre sí mismo.

Cuando Moisés le pidió a Dios que le mostrara más acerca de sí mismo, Dios le dio este revelador autorretrato: "El Señor, el Señor, Dios compasivo y clemente, lento para la ira y abundante en misericordia y verdad" (Éxodo 34:6). Tenga en cuenta que Moisés fue uno de los mejores amigos de Dios en el Antiguo Testamento. Se pasaba los días solo en la presencia de Dios. Así que pienso que podemos estar seguros de que lo primero que dijo Dios, resume lo que a Él le pareció más importante comunicarle.

Pregúntese si la imagen que usted tiene de Dios está a la altura de la verdad acerca de Él. Si ve a Dios como mezquino, insensible, inmisericorde, iracundo o lento para bendecir, está viviendo en una nube de errores que lo ha dejado empobrecido en lugar de bendecido.

Amigo, usted no tiene por qué dejar que esto siga siendo así por un solo minuto más. Puede desprenderse de ese concepto erróneo que lo imposibilita, y dejarlo atrás para siempre.

Mientras espera ante Dios hoy, recuerde quién es Él. Es su Padre generoso, compasivo y fiel. Y lo que llena su corazón en estos mismos momentos es un profundo anhelo por derramar sus favores sobre la vida de usted. ¿Quiere arrodillarse ante Él y pedirle su bendición?

MI DIARIO DE JABES: *¿Cuál es la imagen de Dios que tengo yo? ¿Cuáles de los atributos de la personalidad divina demuestro con mis acciones que son los más importantes para mí? ¿Cuáles son los menos importantes?*

La fe es una seguridad viva y osada en la gracia de Dios,
tan firme y cierta, que el creyente estaría dispuesto a jugarse
la vida mil veces por ella. Este conocimiento de la gracia de Dios,
y esta seguridad en ella, hacen a los hombres contentos, osados
y felices al relacionarse con Dios y con todas las criaturas.

Martín Lutero

LA VIDA DE LA REALEZA

El Espíritu mismo da testimonio a nuestro espíritu, de que somos hijos de Dios. Y si hijos, también herederos; herederos de Dios y coherederos con Cristo.

ROMANOS 8:16-17

¿Ha dicho alguna vez "Padre nuestro..." el domingo, para después pasarse el resto de la semana como un huérfano? Es una forma muy corriente de engañarse a sí mismo. Decimos que creemos en algo, y después demostramos con nuestras acciones que no es así. Aunque seamos hijos del Rey, podemos ir vagando por nuestros días como niños abandonados sin hogar.

Recuerdo algo que leí acerca de Connor O'Reilly, irlandés del siglo pasado sumido en la pobreza, cuyo sueño de emigrar a los Estados Unidos se convirtió en realidad cuando un pariente rico le compró un pasaje en un transatlántico. Aunque tenía el billete para abordar el barco, O'Reilly seguía preocupado porque no iba a poder pagar las comidas durante el viaje, así que hizo sus planes. El día que subió al barco, usó las pocas monedas que le quedaban para comprar panes, y los metió en su vieja maleta.

Durante la semana que el barco estuvo en el mar, O'Reilly desaparecía continuamente para irse a comer a su litera. Comía en secreto, por miedo a que otros pasajeros pobres le pidieran compartir su pan, y apenas tenía lo suficiente para una persona. Mientras los pasajeros en buena posición económica disfrutaban de las deliciosas comidas en el comedor del barco, él se quedaba fuera, lanzando ansiosas miradas por las ventanas.

La noche antes de que el barco atracara en Nueva York, un hombre le pidió que cenara con él.

—Ah, muchas gracias —le dijo Connor—, pero no tengo dinero.

—¿De qué está hablando? —exclamó el otro pasajero.

—Su billete para viajar era también su billete para entrar al comedor del barco. ¡Desde que salió de casa, usted ha tenido a su disposición tres estupendas comidas diarias pagadas!

Pobre O'Reilly. Se había pasado una semana comiendo pan duro, cuando habría podido estar participando del banquete junto a los demás pasajeros. Las bendiciones ya estaban allí, esperándolo.

Ayer vimos lo mucho que Dios nos quiere bendecir a nosotros, sus hijos. Hoy quiero que se dé cuenta de todo lo que le pertenece por derecho... si usted lo reclama. Conozco muchos cristianos que son como O'Reilly, que van pasando con pan duro, porque piensan que son ciudadanos de segunda categoría, y no herederos de la realeza. Muchos cristianos sencillamente no saben que les falta algo. Pero tienen un banquete esperándolos, y su nombre está escrito por todas partes en ese banquete.

Pregúntese: *¿Cuántas cosas he probado de ese banquete gratuito de las bendiciones de Dios?* Tal vez responda con una brumadora sensación de gratitud por lo que Él está haciendo en su vida. O su respuesta lo podría dejar lleno de consternación, e incluso sintiendo como que le han hecho trampas. *¡Tanto que estaba destinado para mí... y sin embargo, tan poco como he probado!*

Ahora conoce la verdad acerca de su billete. Supongo que O'Reilly debe haber oído la verdad acerca de su billete, pero prefirió no creerla. Tal vez fuera una simple incredulidad la que lo llevara a pensar que semejante banquete no podía ser para él, y lo hiciera seguir comiendo migajas en su litera.

¿Está cansado del pan duro? La gran noticia es que usted puede entrar al banquete. No tiene que ser más especial, más escogido ni más probado para hacerlo suyo. La Biblia dice: "La bendición del Señor es la que enriquece, y El no añade tristeza con ella" (Proverbios 10:22).

Nuestro pasaje para la vida —banquete incluido— ya ha sido pagado por el amor de Dios en la vida de su Hijo Jesús. Y Él quiere que usted conozca y experimente su abundante provisión como parte normal de su vida.

MI DIARIO DE JABES: *"Señor, ayúdame a ver el aspecto que tendría el abundante banquete de tus bendiciones en mi vida, y cómo me podría transformar para tu gloria".*

Dios nunca ha hecho promesa alguna que sea
demasiado buena para ser cierta.
DWIGHT L. MOODY

Santos pedigüeños

Pedid, y se os dará; buscad, y hallaréis; llamad, y se os abrirá. Porque todo aquel que pide, recibe; y el que busca, halla; y al que llama, se le abrirá.

Mateo 7:7-8

Bendecir significa conceder un favor. Dar placer. Traer felicidad. Traer éxito. Es decir, que el que quiere, como Jabes, "ser más ilustre que sus hermanos", no dice: "Señor, por favor, no los bendigas a ellos". Lo que hace es pedir: "Hagas lo que hagas, Señor, te ruego que me bendigas, y que me bendigas grandemente".

Hemos visto lo mucho que nuestro Padre ansía bendecirnos, y la manera tan total en que las ricas provisiones de su favor se hallan a nuestra disposición. Pero para que recibamos plenamente estas bendiciones, solo una cosa permanece. Piense en ella como la llave del almacén: *Tenemos que pedir.*

Les he hecho una sencilla pregunta a decenas de miles de personas: "¿Le ha pedido a Dios que lo bendiga hoy?" Solo uno entre cien me dice que lo ha hecho. Le pedimos a Dios que bendiga nuestros alimentos. ¿Por qué no le pedimos que nos bendiga a nosotros?

Muchos me dicen: "No comprendo por qué tengo que pedirlo. Pienso que al ser salvo, recibí ya todas las bendiciones espirituales que iba a recibir. ¿Qué más queda por pedir?"

Es cierto que algunas bendiciones nos llegan de forma automática. Hablando en sentido teológico, cuando nos convertimos en hijos de Dios suceden en el cielo más de treinta cosas: Somos perdonados. Nos convertimos en hijos de Dios. Recibimos al Espíritu Santo. Se nos concede la vida eterna. Y más. Dios completa estas transacciones espirituales en el momento en que somos salvos, y son *reales*. Pablo hablaba de estas bendiciones cuando les dijo a los efesios que ellos habían sido bendecidos "con toda bendición espiritual en los lugares celestiales en Cristo" (Efesios 1:3).

Pero las bendiciones vienen por mitades. Lo que sucede en la tierra para el cristiano es la otra mitad, y casi todas ellas son bendiciones *en potencia*.

En otras palabras, Dios quiere que yo *quiera* lo suficiente sus mayores bendiciones para tomar la iniciativa; para *pedirlas;* de lo contrario, me las voy a perder. Es un hilo dorado que corre por todas las Escrituras, comenzando en el Edén. Dios pone frente a nosotros lo mejor que tiene, y después nos pide que lo escojamos. Santiago nos reprende, diciendo: "No tenéis, porque no pedís". Jesús promete: "Pedid, y se os dará".

Darnos cuenta de esto es algo que nos transforma la vida: *Yo puedo tener una vida verdaderamente llena de bendiciones… pero tengo que pedirlas.*

He observado cómo esta comprensión se abría paso a través de centenares de rostros. He visto expectativa, emoción, alivio. De repente, todo un nuevo nivel de existencia les parece a estos creyentes no solo posible, sino también realista.

En cambio, en muchos rostros he visto la tristeza y el pesar. ¿Por qué? Porque piensan en tantos años desperdiciados. Sienten que les han hecho trampa o los han engañado. De repente comprenden la realidad de que, como consecuencia de su propia ignorancia o falta de acción, han estado atascados al borde mismo del gran plan de Dios para ellos.

¿Cómo se siente usted ahora mismo? ¿Ha fallado al punto de no recibir lo que le pertenece por derecho? Si quiere captar lo mucho que se ha perdido, solo tiene que preguntarse esto: *Durante los últimos treinta días, ¿cuántas veces le he pedido concretamente a Dios que me bendiga?* Su respuesta le debería mostrar en qué proporción se ha perdido o ha recibido el favor divino. ¿Por qué? Porque si no ha pedido, tampoco ha recibido aquello que solo nos llega como respuesta a nuestra petición.

Transforme su vida hoy a base de pedir... y volver a pedir. Dios está recorriendo el planeta hoy en busca de Santos Pedigüeños. Le quiere dar a usted su destino más grandioso. Quiere llenar los agujeros que hay en su adolorido corazón. De hecho, lo ama tanto, que cuanta bendición le da, ha sido personalizada de acuerdo con su necesidad de recibir bendición en un lugar determinado de su vida. Pero su Padre no se le va a imponer (¿le caen bien las personas que se le tratan de imponer?). Él está lleno de gracia, y quiere que sea usted quien decida lo que quiere en realidad.

Ante los ojos de Dios, el acto mismo de pedir lo hace pasar a usted de común y corriente a "más ilustre". Yo creo que hoy sus ojos se han posado sobre usted con gran deleite y expectación. Así sucedió con Jabes. También sucede hoy con usted. La petición es el preludio de una estilo de vida lleno de milagros.

MI DIARIO DE JABES: *¿Cuáles son las principales razones por las que no le pido a Dios sus bendiciones?*

Para recibir hay que comenzar por pedir. Asegúrese de no ir al océano con una cucharilla de té. Llévese por lo menos un cubo, para que los niños no se rían de usted.

JIM ROHN

Dios ama a los "Don Nadie"

Pues mirad, hermanos, vuestra vocación, que no sois muchos sabios según la carne, ni muchos poderosos, ni muchos nobles; sino que lo necio del mundo escogió Dios, para avergonzar a los sabios; y lo débil del mundo escogió Dios, para avergonzar a lo fuerte; y lo vil del mundo y lo menospreciado escogió Dios, y lo que no es, para deshacer lo que es.

1 Corintios 1:26-28

¿Ha observado que Jesús sentía una atracción poco corriente por las personas que tenían un vacío en su vida? Y no solo de vez en cuando, sino con frecuencia. Perdedores y solitarios, enfermos e inválidos, débiles y hambrientos; para esos había venido Él, y sus necesidades eran las que satisfacía. Esos eran los que escogía como discípulos.

Cuando lo pensamos, nos damos cuenta de que Jabes no habría debido llegar a nada. Ni siquiera a los libros, quiero decir. Comenzó su vida como uno de los "Don Nadie" certificados de Israel. Sin fortuna. Sin posición social. Sin talentos especiales. Sin un futuro prometedor.

Por eso, sería de esperar que la mención de su nombre solo sería polvo en las páginas menos visitadas de la historia hebrea, junto con Ezer, Cos y Anub (y sus otros parientes mencionados solo de pasada en 1 Crónicas). Sin embargo, vemos que su vida termina llena de importancia, realización y honra.

La verdad es que Dios ama a los Don Nadie.

¿Ha oído hablar alguna vez de Agnes Bojaxhiu? Nunca fue a una universidad, se casó ni tuvo un automóvil, sino que se pasó la vida cuidando de los que morían de hambre, los enfermos y los agonizantes por las calles de Calcuta, insistiendo siempre en que su vocación no era el trabajo social, sino "ser propiedad de Jesús".

Usted la conoce como la Madre Teresa, ganadora del Premio Nobel y fundadora de las Misioneras de la Caridad. Su encorvada figura, y su rostro gozoso y arrugado, se convirtieron en uno de los símbolos más reconocibles de la fe en acción durante el siglo XX. Hoy en día, la congregación que ella fundó cuida anualmente a quinientas mil familias hambrientas y noventa mil leprosos en el mundo entero.

Sin embargo, pocos años antes que ella falleciera, un periodista le preguntó: "Madre Teresa, ¿qué va a suceder cuando usted ya no esté con nosotros?" Su respuesta fue: "Yo creo que si Dios encuentra a una persona que sea más inútil que yo, va a hacer cosas más grandes aun a través de ella".

Tal vez usted se sienta especialmente indigno de recibir ningún tipo de bendición especial. Se pasa los días sintiéndose vulnerable y débil (aunque es posible que haya aprendido a disimularlo bastante bien). Y se va a la cama preguntándose: *¿Llegaré a servir alguna vez para algo?*

Permítame aclarar su confusión con la mayor delicadeza que me sea posible. La respuesta a esa pregunta es "No". (La respuesta es la misma para todos los demás seres humanos, dicho sea de paso.) Pero Dios tiene unos planes grandiosos para los siervos "inútiles".

Tómese un instante para captar esta asombrosa verdad: ¡Jesús siente atracción por usted! Le encanta que lo necesiten personas como usted y como yo, que estén totalmente convencidas de su propia inutilidad; personas que sepan que sin su inmerecida generosidad hacia ellas, no serían ni tendrían nada.

¿Ha estado permitiendo que un sentido exagerado de su propia inutilidad o situación lo aparte de una vida de bendiciones? Usted *puede* cambiar, y dejar atrás esa trampa del orgullo. El hecho mismo de que usted esté tan claramente consciente de sus debilidades y limitaciones lo convierten en un candidato sumamente prometedor para lo mejor de Dios.

Desde el amanecer de los tiempos, su Padre lo ha conocido y amado. Hoy no está esperando a que llegue el momento en que usted sirva para algo. Está esperando a que usted se le acerque con las manos vacías, pero abiertas.

MI DIARIO DE JABES: *"Señor, te agradezco que tengas grandes planes para un Don Nadie como yo. Ahora, te suplico que derrames hoy tus extraordinarios favores sobre mí. Tráeme a la mente esa 'cosa pequeña' que quieres bendecir en mi vida".*

Nosotros no podemos hacer cosas grandes;
solo cosas pequeñas con un amor grande.

LA MADRE TERESA

Si usted se cree demasiado pequeño para ser eficaz,
nunca ha estado en cama con un mosquito.

BETTY REESE

¿QUÉ *importa* EL NOMBRE?

Y te llamarán con un nombre nuevo, que la boca del Señor determinará.

ISAÍAS 62:2

La madre de Jabes debe haber hecho muchas cosas bien hechas, pero ciertamente, cuando se trató de escoger un nombre para su hijo recién nacido, cometió un error.

Leemos: "Y su madre lo llamó Jabes, diciendo: Por que lo di a luz con dolor" (1 Crónicas 4:9). *Jabes* significa *dolor* en hebreo. Este nombre no solo sonaba lúgubre, sino que todo el mundo sabía que simbolizaba condenación. Entre los hebreos, el nombre de un niño era tomado como profecía sobre su temperamento y su destino. Desde su niñez, Jabes sería prisionero del dolor.

Lamentable, ¿no le parece?

Sin embargo, lo más memorable de todo en cuanto a la vida de este hombre no es dónde comenzó, ni qué tuvo que superar, sino dónde terminó. Aunque comenzó en el dolor, no dejó que su experiencia ni sus expectativas le impidieran alcanzar, con el favor de Dios, otro tipo de vida. Tal vez Dios haya usado ese dolor, como hace con tanta frecuencia, para impulsarlo a acercarse a Él en busca de más. Blaise Pascal, cristiano francés que experimentó numerosos traumas físicos y emocionales, llegó por fin a la conclusión de que estos habían sido dones que Dios le había dado. Por eso escribió: "El dolor fue la violencia amorosa y legítima necesaria para producir mi libertad".

Tómese unos instantes para preguntarse qué nombre le ha puesto a su propia vida. Hasta estos momentos, ¿le ha puesto a su herencia o a su historial el sello de una etiqueta tan fuertemente limitadora como "Desilusión", "No muy listo", "Indeseado" o "Fracasado"? Si lo ha hecho, la historia de Jabes tiene un significado especial para usted.

Pregúntese ahora: *¿Qué opciones deseables nunca he tenido seriamente en cuenta, solo porque no estaban de acuerdo con mi nombre negativo?*

Dios le tenía a Jabes preparadas otras cosas distintas al dolor, y lo mismo sucede con usted. Él no le va a pedir que ignore o niegue un pasado difícil, ni una circunstancia limitante, pero nunca lo va a definir a partir de esas cosas.

El nombre que su Padre tiene para usted no es Dolor, ni ninguna otra palabra parecida. Es:

- "ELEGIDO" *(Juan 15:19)*
- "MÍO" *(Salmo 50:10-12)*
- "AMADO" *(Deuteronomio 33:12)*
- "DESEADO" *(Isaías 62:12)*
- "AMIGO" *(Santiago 2:23)*

Usted recordará a un pescador llamado Simón. El que dejó sus redes para seguir a Jesús. Si de algún discípulo podemos decir que le salieron mal las cosas la primera vez, es de Simón. Pero un día Jesús lo miró y le dijo: "Bienaventurado eres, Simón, hijo de Jonás... te digo que tú eres *Pedro*" (Mateo 16:17-18, cursiva del autor). Este nuevo nombre significa *piedra*. Y junto con su nuevo nombre, Jesús le dio un destino grande e importante en el reino de Dios.

Su Señor le quiere decir hoy algo que transformará su vida. Tiene una palabra en la punta de la lengua. Es su nuevo nombre.

MI DIARIO DE JABES: *"Señor, ¿qué etiquetas o actitudes me he puesto a mí mismo, o le he puesto a mi vida, que me pueden estar limitando en lo que tú me quieres dar, en lo que quieras hacer de mí o en lo que quieres hacer por medio de mí? Te ruego que me lo muestres".*

He aquí que yo hago cosa nueva;
pronto saldrá a luz; ¿no la conoceréis?

ISAÍAS 43:19

El secreto *de la* abundancia

Confía en el Señor, y haz el bien; habita en la tierra, y cultiva la fidelidad. Pon tu delicia en el Señor, y Él te dará las peticiones de tu corazón.

Salmo 37:3-4

Son muchos los cristianos que tienen una teología desbordante de confianza, y un corazón lleno de sospechas.

Una mañana les estaba enseñando a un grupo de hombres cómo usar un diario de oración. Tenía mi propio diario abierto sobre la mesa que tenía frente a mí, y fui volteando las páginas para mostrarles a aquellos hombres las oraciones que había marcado como respondidas. Eran centenares. Un hombrón que estaba al otro lado de la mesa se inclinó hacia delante, tomó el diario y se puso a mirarlo con incredulidad. "¡No me diga que se supone que oremos por las cosas que *queremos*!", me dijo casi gritando.

"Eso es lo que les estoy diciendo", le respondí. "¿Por qué habría de querer Dios que orásemos por lo que no queremos? Piense en algo que quiere de verdad. Dios le va a responder. Le dirá que sí, o que no. Si es un error y le va a hacer daño, le dirá que no. O si le quiere dar la oportunidad de aprender algo importante, es posible que se lo conceda de todas formas. Pero se sentirá encantado de que usted haya tenido la confianza suficiente para pedírselo".

Lo animo a que le presente todas sus peticiones —espirituales, emocionales y materiales— a Dios en oración. Cuente con el hecho demostrado de que la naturaleza de su Padre consiste en ser fiel y generoso, y en buscar para usted siempre lo mejor. Él *quiere* concederle los anhelos de su corazón. Con un Padre así, es imposible ser demasiado franco o concreto. Él no lo va a regañar, ni a apartar de sí.

Las grandes peticiones siempre comienzan aquí: en una confianza genuina. Al fin y al cabo, usted le pediría ayuda a su mejor amigo, y no al pendenciero del barrio. Usted está convencido acerca de la motivación de su amigo, y del afecto que le tiene. Ha establecido una razón para creer que solo va a responder con bien a lo que usted le pida.

Una vez que la confianza eche raíces en su corazón, estará listo para dar el próximo paso de osadía hacia la vida de bendición. Yo lo considero como el secreto de la abundancia de Jabes: Suplicarle que le conceda lo que Él le quiere dar.

Usted es como la hija que se arrodilla delante de su padre con las manos abiertas, esperando. Cuando el padre le pregunta qué quiere, su respuesta es sencilla. "He estado pensando", le dice un poco vacilante, "y quiero muchas cosas, pero... lo que más quiero de todo es lo que tú realmente, *realmente* me quieras dar".

Si solo con pensar en una petición tan osada y abierta, le basta para temblar, lo comprendo. *Suceden* cosas maravillosas cuando uno ora así. Pero si usted teme que Dios le lance a la cabeza ese mismo tipo de vida infeliz que teme, mire de nuevo a su Amigo. Mida su personalidad y su amor por usted. Recuerde todo su historial de lealtad hacia usted. Suelte todas sus sospechas infundadas. Y tiemble, pero porque la vida sobrenatural de realización e influencia que usted ha estado buscando, está a punto de desarrollarse.

El secreto de la verdadera abundancia consiste en querer lo que quiere Dios. Lo animo a repetirse a sí mismo este secreto a lo largo de todo el día. Permita que su verdad ponga un nuevo orden en sus prioridades y transforme su manera de pensar.

A partir de mi propia experiencia, y de la de muchos más, sé lo que va a suceder cuando usted se lance a esta parte de su aventura al estilo de Jabes. Dios se le va a demostrar tanto, que su confianza en Él va a crecer a saltos. Sus anhelos van a estar en una sintonía cada vez mayor con la voluntad de Él, y se va a identificar cada vez más con sus valores y los maravillosos propósitos que tiene con usted y con su mundo.

Y un día, usted va a contemplar su vida con una feliz incredulidad. Se va a dar cuenta de que, a lo largo del camino, ha desarrollado un hábito de abundancia. ¿Por qué? Porque el poder de Dios para bendecirlo a usted y bendecir a otros fue desatado y liberado de obstáculos en su vida.

MI DIARIO DE JABES: *El secreto de la verdadera abundancia en mi vida consiste en querer lo que quiere Dios. ¿Qué dos o tres cosas maravillosas hay que Dios quiera para mí?*

La razón de ser de toda oración es descubrir la voluntad de Dios y convertir en oración nuestra esa voluntad.

CATHERINE MARSHALL

SIN LÍMITES

Y ponedme ahora a prueba en esto —dice el Señor de los ejércitos —si no os abriré las ventanas del cielo, y derramaré para vosotros bendición hasta que sobreabunde.

MALAQUÍAS 3:10

La próxima vez que hojee el Antiguo Testamento, busque al Dios que tal vez se haya estado perdiendo. En todas esas restricciones y reprensiones, trate de ver a un Padre amoroso cuya generosidad es frustrada continuamente. Trate de no leer la Biblia como un libro lleno de leyes, sino como un relato sobre un filántropo sumamente frustrado.

Todo cuanto ustedes quieran y más, se lo daré a ustedes y a sus hijos. Es la promesa que Dios les repite a los israelitas una y otra vez. "Bendito serás tú en la ciudad, y bendito tú en el campo. Bendito serás en tu entrar, y bendito en tu salir" (Deuteronomio 28:3, 6). ¿Cuánto más que eso pueden mejorar las cosas?

Para Dios, la limitación de los recursos nunca ha sido el problema. Tampoco lo son la falta de inclinación o las restricciones por parte suya. De hecho, como le sucede a todo padre dedicado, Dios se tiene que restringir muchas veces, para no bendecir a sus hijos *demasiado*. Nunca leemos que Dios le dijera a Israel: "¿Qué quieren decir con eso de que 'los bendiga otra vez'?"

Dios no mantiene en el cielo un sistema de contabilidad para no bendecirnos a nosotros en exceso a expensas de otras personas. Nos es imposible agotar nuestra cuota de bondad divina. Y también es imposible considerar su ternura hacia los suyos como más grande de lo que es.

Me encanta una historia que se cuenta sobre George Mueller, un gran hombre de oración. Ilustra cómo nunca podremos codiciar demasiado las bendiciones de Dios.

Por alguna razón, Mueller necesitó trasladarse con su familia y su ministerio a otra parte de Inglaterra. Durante todo el día, los trabajadores fueron llevando las pertenencias de la familia Mueller, subiendo una colina y descendiendo hasta una barcaza que los llevaría a su nuevo hogar. Cuando la barcaza estaba a punto de apartarse de la orilla, se dieron cuenta de que todo estaba a salvo a bordo, con una excepción: la silla favorita de George Mueller. Pero el capitán se negó a retardar más la salida.

Entonces, Mueller se puso de pie sobre la cubierta y oró en voz alta diciendo: "Señor, por favor, apresúrate a traerme la silla". El capitán, burlándose de aquel ministro que molestaba al Dios todopoderoso con una petición tan absurda, le ordenó a la tripulación que desatara los cabos.

En ese mismo instante, un hombre llegó a la cima de la colina corriendo. Llevaba sobre la cabeza la silla favorita de George Mueller.

¡Así es nuestro Padre! Dar —en abundancia, en profusión, más allá de todo lo que esperamos— es lo que le encanta hacer. Así es su inalterable naturaleza. Y está presente con usted hoy, buscando otra oportunidad más para concederle lo mejor de cuanto tiene para usted.

¿Hay en su corazón alguna preocupación, algún aspecto en el que anhela el favor de Dios, que siempre le ha parecido demasiado personal, vergonzoso o absurdo pedirle? Tómese un minuto para imaginarse cómo cambiaría su vida si Dios le respondiera acerca de esa preocupación. Trate de verse a sí mismo desde el punto de vista de su Padre, e imaginarse lo mucho que a Él le encantaría demostrarle su amor de esa forma.

Haga de éste el día en que eche fuera esas dudas que limitan su bondad. Como todo padre amoroso, Dios se interesa por su corazón, y por todo lo que es importante para usted. No hay nada que usted pueda pedirle, y que sea demasiado absurdo para que Él lo atienda. No hay necesidad, ambición o sueño persistente que lo ponga más allá de la cuota de cosas buenas que Él es capaz de darle, y está dispuesto a hacerlo. Confíe en Él. Pídale hoy lo que quiere.

Y mantenga los ojos fijos en la cima de la colina.

Mi diario de Jabes: *Puesto que es imposible que agote mi cuota de bondades y favores y anhelos de bendecirme hoy que tiene Dios para mí, ¿qué le debería pedir?*

*Si al pedir se puede ganar algo, y no se
pierde nada, por favor, ¡pida!*

W. C. Stone

"¡SEÑOR, ENSANCHA MI TERRITORIO!"

Espera grandes cosas de Dios;
intenta grandes cosas para Dios.

WILLIAM CAREY

UN AUMENTO *en la* COSECHA

Si permanecéis en mí, y mis palabras permanecen en vosotros, pedid todo lo que queréis, y os será hecho. En esto es glorificado mi Padre, en que llevéis mucho fruto, y seáis así mis discípulos.

JUAN 15:7-8

Imagínese que el dedo de Dios está recorriendo la guía telefónica del cielo. A partir de la "A", una línea tras otra, una columna tras otra, está buscando un nombre que sobresalga entre todos sus amados redimidos. Y, ¿dónde titubea su dedo para terminar deteniéndose?

Acérquese a mirar. Se ha detenido en su nombre.

¿Por qué lo creo? Porque usted evaluó su vida un día, tal vez no hace mucho, y le dijo: "Señor, quiero más. Quiero más *de ti,* porque quiero hacer más *para ti*".

La segunda parte de la oración de Jabes es el clamor del que es granjero y pionero. Mira sus circunstancias del presente y toma una decisión: "Yo nací para más que esto". Entonces, ora diciendo: "Señor, te ruego que ensanches mi territorio". Según la traducción que usted lea, encontrará la palabra *territorio* traducida también como *costa* o *frontera*. En función de la vida, significa los límites de su influencia, propiedad o responsabilidad.

Creo que podemos llegar sin problemas a la conclusión de que Jabes no estaba pensando en el crecimiento solo por el crecimiento mismo, o por tener más espacio a expensas de otro, ni de la promesa de tener dinero fácil. ¿Por qué? Porque la Biblia dice de él que era "más ilustre". Para que Jabes haya sido digno de semejante alabanza, sus peticiones y motivaciones tienen que haber estado en armonía con los propósitos de Dios.

Pero Jabes, hombre agricultor, comprendía que la extensión de sus tierras le pondría un límite a lo que él podría hacer para Dios. Al fin y al cabo, un terreno determinado solo podía sostener a un número limitado de cabezas de ganado, o una cosecha de un tamaño determinado. Para aumentar su producción, necesitaba una oportunidad mayor.

De la misma forma que suplicar una bendición se podría considerar como una santa petición para su vida, pedir mayor territorio para Dios se puede considerar como un santo deseo. Y este tipo de pasión honra a nuestro Padre.

¿Se puede imaginar al gerente de un almacén que se incomode cuando un empleado le diga: "Señor, quiero hacer más para lograr que este lugar funcione de verdad para el dueño"? ¿Se puede imaginar a una madre que se enoje con un hijo suyo que le pida: "¿Qué puedo hacer para ayudarte, mamá?" De igual forma, cuando usted pide una oportunidad mayor de servir a Dios, Él reacciona con agrado y favor.

Pregúntese: *¿Le estoy pidiendo más a Dios a fin de poder hacer más para Él?*

Dios está esperando que cada uno de nosotros se aferre a una visión mayor para su vida —una visión que esté de acuerdo con la suya— y le suplique que se convierta en realidad. Si queremos dar más fruto para Dios, necesitamos más oportunidades, y necesitamos ver las oportunidades que ya nos rodean, y que hemos pasado por alto continuamente.

Por más que le pidamos frecuentemente a Dios este tipo de "más", podemos estar seguros de que Él escucha nuestra petición con aprobación y con planes para favorecernos en abundancia.

MI DIARIO DE JABES: *¿Quién es el que ha fijado los límites en mi vida: las circunstancias, los demás o yo?*

Por razones que solo Él conoce, Dios ha decidido obrar a través de hombres y mujeres dispuestos a sacrificarse por "la cosa" que Él les ha puesto en el corazón que hagan.

ANDY STANLEY

¿CUÁL ES MI TERRITORIO?

Alzad vuestros ojos y mirad los campos, porque ya están blancos para la siega.

JUAN 4:35

No hace mucho, oí hablar de una señora de Arkansas llamada Shannon, que había comenzado a hacer la oración de Jabes. "Se me ha dado la oportunidad de testificarles a más incrédulos y sencillamente, ayudar a más gente en dificultades, que en ningún otro momento desde que me hice cristiana", me escribió. Su carta aclaraba que seguía teniendo el mismo trabajo, viviendo en la misma familia, y en general, pasaba por las mismas rutinas diarias. Pero, de alguna forma, su vida había cambiado; tanto, que se despedía en su carta diciendo: "Necesito comenzar a llevar un diario de lo que está sucediendo. Estoy segura de que hasta yo misma me sorprendería".

Shannon se está extendiendo hasta un nuevo territorio en su vida, y Dios le está respondiendo. Tal vez usted se esté preguntando lo que significa la palabra "territorio" en su caso. ¿Significa que tiene que comprometerse con más cantidad de trabajo en su iglesia, o comenzar a predicar en una esquina, o irse a Zanzíbar de evangelista? Tal vez no tenga idea alguna sobre cómo orar, o qué esperar.

Si usted se está haciendo hoy esta pregunta, la respuesta es sencilla y asombrosa. Su territorio es el mundo entero. Jesús dijo: "Id por todo el mundo y predicad..." O sea, que no se tiene que preocupar por estar orando por algo, o aspirando a algo que Dios no quiere. Es voluntad suya tocar al mundo entero. Y usted necesita más territorio para hacerlo.

Los hombres y las mujeres que más han tocado al mundo por Dios, le han suplicado que les dé países enteros. Hudson Taylor, pionero de las misiones, mientras viajaba solo por el Oriente, le suplicaba: "¡Dame China o me muero!" Cincuenta años más tarde, al llegar la hora de su muerte, el grupo misionero fundado por él sostenía a ochocientos cuarenta y nueve obreros que habían visto a más de ciento veinticinco mil chinos acudir a Cristo en busca de salvación.

Lo animo a que le pida a Dios que le muestre un punto de entrada para "todo el mundo" de hoy. Tal vez sean sus propios hijos. O tal vez, una persona necesitada de su vecindario o su lugar de trabajo. Quizá alguien de otra cultura, ya sea en la casa de enfrente, o al otro lado del planeta. Tal vez se trate de una nación entera.

Lo más probable es que la forma de alcanzar a su "mundo entero" sea exclusiva suya. Glenda, una escritora infantil de San Diego, poco después de comenzar a pedirle a Dios que ampliara sus límites, obtuvo un trabajo de maestra en el Instituto de Literatura Infantil. "¡Ciertamente, Dios me ha bendecido!", me dijo. "Para mí, escribir para los niños es una forma de amarlos con palabras".

Vea de nuevo lo que me informaron Shannon y Glenda. Yo veo allí dos palabras clave. Para Shannon, es la palabra *oportunidad*. Sigue llevando fielmente su vida en Arkansas, pero está encontrando nuevas oportunidades: conversaciones, contactos, acciones que surgen a lo largo de su día. Para Glenda, veo la palabra *amor*. Su capacidad para escribir y enseñar es una expresión de una pasión central en su vida: el amor por los niños.

Si no está seguro de cuál sea hoy su territorio ampliado, hágase dos sencillas preguntas:

1. ¿CUÁL ES LA OPORTUNIDAD QUE ESTOY PASANDO
    POR ALTO?

2. ¿CUÁL ES MI PASIÓN MÁS PERDURABLE?

"Alzad vuestros ojos y mirad los campos", suplicó Jesús, "porque ya están blancos para la siega". Dios siempre quiere comenzar con nosotros tal como somos *ahora*. No está esperando a que usted se convierta en otra persona, para poderlo usar. No está esperando a que vaya a otra parte.

Su Padre lo conoce íntimamente, y *ya* le ha dado oportunidades estratégicas, pasiones, intereses y capacidades. Estos son los puntos de partida para la forma en que Él va a tocar al mundo a través de usted.

MI DIARIO DE JABES: *"Abre mis ojos hoy, Señor, para que vea la vida más grande hacia la cual tú me estás llamando"*.

*Todos vivimos bajo el mismo cielo, pero
no tenemos el mismo horizonte.*

KONRAD ADENAUER

*La mayoría de las personas nunca corren lo suficiente en
su primera carrera, como para descubrir que tienen una
segunda por delante. Entréguese a sus sueños con todo lo que
tiene, y se asombrará de la energía que sale de usted.*

WILLIAM JAMES

LA PLANIFICACIÓN ANTICIPADA

Porque somos hechura suya, creados en Cristo Jesús para buenas obras,
las cuales Dios preparó de antemano para que anduviésemos en ellas.

EFESIOS 2:10

Más que ninguna otra cosa, es la sensación de que ya tenemos demasiado en el plato la que nos impide pedir una vida más amplia. *¿Para qué le voy a pedir a Dios más territorio?*, nos preguntamos. *¡Si no puedo con lo que tengo ya en mi vida en estos momentos!*

Recuerdo la duda que tenía Gerald escrita en el rostro cuando me estaba tratando de convencer de que esta parte de la oración de Jabes no iba a funcionar para él. Gerald es gerente de una sucursal de una de las mayores corporaciones en los Estados Unidos. Desde que amanece hasta que llega la noche, va manejando su tiempo en segmentos de quince minutos, y todos ellos van debidamente anotados. "Bruce, sencillamente no tengo más tiempo para *nada*", me decía.

"Me parece muy prometedor", le contesté para sorpresa suya. "Veamos lo que Dios puede hacer". Después lo reté a entregar al cuidado de Dios el control de su día durante la semana siguiente. "Pídele a Dios que ensanche tu territorio, Gerald, y pídele que se note con claridad allí mismo, en tu horario, donde tú puedas verlo".

A la semana siguiente, cuando nos reunimos, le pregunté si Dios ya le había dado un día de veinticuatro horas. Él se rió. "No, pero he tenido una semana muy especial", me dijo.

Después me describió un logro personal. Por medio de una creativa aplicación de la tecnología que nunca antes se le había ocurrido, había sido capaz de multiplicar su eficacia de una manera significativa. Además, durante el transcurso normal de su día, se metía continuamente con sus compañeros de trabajo en conversaciones que parecían preparadas por Dios. "Estoy comenzando a sentir que una fuerza sobrenatural debe estar trabajando en mi vida para disponer las cosas de acuerdo con una agenda más grande", me dijo. "No tengo *más* tiempo, pero Dios me está ayudando a usar mi tiempo *de una manera distinta*".

¿Ha sentido usted alguna vez que para "ensanchar" realmente "su territorio", Dios tendría que acelerar su vida, ya de por sí tan ocupada?

No es usted el único que supone esto. Pero es necesario que sepa que Dios tiene formas totalmente distintas de ensanchar su influencia e impacto. Le puedo asegurar que lo va a ver obrando, por lo menos de tres formas sorprendentes:

- Descubrirá, como le pasó a Gerald, que Dios va a disponer unas circunstancias y oportunidades que van a ser más estratégicas para usted. Va a ser como si Él se hubiera convertido en su Jefe de Planificación.

- No va a tener más horas en sus días, pero sí va a descubrir formas más eficaces de usar las que tiene. El Espíritu le va a mostrar formas de duplicar su eficacia y aprovechar sus oportunidades en los momentos más comunes y corrientes. Una caminata por el pasillo en su trabajo, una llamada telefónica a un amigo, una reunión de la comunidad; todo se va a convertir en una oportunidad al estilo de Jabes para ver obrar a Dios.

- Notará que algunos de sus límites se van a extender en ciertos aspectos, mientras que otros van a reducirse. Ciertas cosas que antes le importaban, van a caer muy abajo en su lista de prioridades.

Pídale al Señor que tome sus limitaciones de tiempo y circunstancias hoy. Pídale que las rompa y multiplique, como hizo con el niño que le dio a Jesús los cinco panes y los dos peces.

Y prepárese para los milagros. Al fin y al cabo, Él ya le tiene preparada *por adelantado* una vida extraordinaria, para que comience hoy mismo.

Mi diario de Jabes: *¿De qué maneras he estado permitiendo que el tictac del reloj ahogue el rugido de la eternidad?*

Nunca le digas a un joven que es imposible hacer algo.
Tal vez Dios haya estado esperando durante siglos por alguien
lo suficientemente ignorante de lo imposible como para hacerlo.

John Andrew Holmes

EL ROSTRO *del* TEMOR

¿No te lo he ordenado yo? ¡Sé fuerte y valiente! No temas ni te acobardes, porque el Señor tu Dios estará contigo dondequiera que vayas.

Josué 1:9

¿Se ha dado cuenta de la frecuencia con que sale a relucir el tema del temor cuando Dios está preparando a los suyos a fin de que conquisten más territorio para Él? Lo hallará en sus conversaciones con Abraham, Jacob, Moisés, Gedeón y David. También lo hallará en las conversaciones de Jesús con los discípulos. "No temáis", les decía con frecuencia después de su resurrección. Después, cuando los estaba enviando a revolucionar el mundo, les dijo: "He aquí yo estoy con vosotros todos los días, hasta el fin del mundo" (Mateo 28:20).

El sentimiento de temor y el de atravesar una nueva frontera van juntos, ¿no es cierto? Dios le dijo a Josué las palabras del versículo de hoy en un momento clave de la vida de este. Al día siguiente, atravesaría el Jordán al frente del ejército de Israel. Al otro lado de aquel río se hallaba la Tierra Prometida, y un enemigo superior les disputaría cada centímetro de aquellas tierras. Pero Dios sabía que los temores de Josué, y las defectuosas creencias en los que se basaban, eran el primer enemigo con el que se tendría que enfrentar en su campaña militar, y tal vez, el más peligroso de todos.

Me he dado cuenta de que los temores que nos impiden hacer más para Dios se basan casi siempre en una falsa verdad —en una suposición errónea sobre nosotros mismos, sobre nuestras circunstancias o sobre Dios— que nos impide el acceso a lo mejor que tiene Dios para nosotros.

Por ejemplo, un temor en el que se deslizan muchos es el basado en una sarta de mentiras: *Mi rendimiento depende de mí. Mi seguridad depende de mí. Mi éxito depende de mí.* Aunque estas mentiras despierten nuestras emociones, ¿creemos *realmente* en ellas? No. De hecho, tenemos un gran número de razones para creer otras cosas. Las promesas personales de Dios, el que se haya mostrado digno de confianza a través de las edades, y nuestras experiencias. Todas estas cosas forman una sarta de verdades innegables: *Donde Dios me guía, Él provee. Lo que Dios me pide, Él me capacita para hacerlo.* Y también, *es mucho más inteligente confiar en Dios, que confiar en mí mismo.*

He aquí una mentira frecuente acerca del temor, que impide que muchos se acerquen a Dios: *No sentiría temor si estuviera haciendo lo que Dios quiere que haga. Así que, como siento temor, Dios no debe estar en esto.*

¿Acaso este tipo de temor lo podría estar alejando de las bendiciones y la influencia que usted desea tan profundamente? Mire de nuevo, y verá el trabajo que realizan las raíces del engaño:

- Usted está apoyando sus conclusiones en sus propios sentimientos.
- Está haciendo equivaler unos temores indeseados con una mala idea.
- Está llegando a la conclusión de que la presencia del temor equivale a la ausencia de valentía o de fe para seguir adelante.

¡Y todas esas cosas son mentiras!

A Dios le interesan hoy sus preocupaciones y ansiedades, y la debilidad de su corazón, pero no quiere que sean esos sentimientos los que decidan lo que usted debe creer, o hacer, o la persona en la que se va a convertir. Jesús les dijo a sus seguidores: "No temáis, manada pequeña, porque a vuestro Padre le ha placido daros el reino" (Lucas 12:32).

Josué le habría dicho que no importa lo que usted sienta, porque la verdad es lo que importa, y esa verdad es que usted no está solo. Dios va a pelear por usted. Y puede seguir adelante a pesar de los temores que pueda tener, para conquistar el nuevo terreno que Dios le está entregando.

Mi diario de Jabes: *¿Qué temor me está deteniendo hoy? Y, ¿qué mentira le está dando a ese temor tanto poder sobre mí? La próxima vez que me enfrente a este temor, ¿qué debo hacer?*

No tenga miedo a dar un gran paso.
No es posible cruzar un abismo dando dos saltos.
David Lloyd George

Porque no nos ha dado Dios espíritu de cobardía,
sino de poder, de amor y de dominio propio.

2 Timoteo 1:7

LAS ZONAS DE COMODIDAD

Ahora pues, dame esta región montañosa de la cual el Señor habló aquel
día, porque tú oíste aquel día que allí había anaceos con grandes ciudades
fortificadas; tal vez el Señor esté conmigo y los expulsaré como el Señor ha
dicho. Y Josué lo bendijo, y dio Hebrón por heredad a Caleb, hijo de Jefone.

JOSUÉ 14:12-13

Cuando les pregunto a los cristianos de los Estados Unidos qué puede estar impidiendo que le pidan al Señor más ministerio, escucho una y otra vez una razón del tamaño de un continente. "Si le digo a Dios que haré lo que sea para Él, y que iré donde Él quiera", dicen, "yo sé que me va a enviar a África. No me siento capaz de adaptarme a las incomodidades y los peligros que hay allí".

Esa palabra —*África*— parece representar el destino más aterrador que son capaces de imaginar, y el destino mismo que es tan probable que su Dios "amoroso" les otorgue *si* ellos le dan la más mínima oportunidad. (Es interesante que cuando hago la misma pregunta en África, ellos tengan su propia gran razón para mantener a Dios a distancia: ¡Nueva York! "Con los peligros que hay allí!", exclaman.)

¿Le parece familiar esta manera de pensar? Si así es, usted es una persona normal. Todos nos sentimos cautelosos en cuanto a salirnos de nuestras zonas de comodidad. Dentro de nuestro corazón vive un niño temeroso que siempre quiere mantenerse dentro de una seguridad.

Por eso me encanta la historia de Caleb. En el texto de hoy, se dirige a Josué, su viejo amigo y camarada de armas. Se han enfrentado juntos a muchas situaciones difíciles desde que salieron de Egipto. Cuarenta y cinco años antes, se hallaban dentro del grupo de comandos que envió Moisés a espiar la tierra, y fueron los únicos dos que confiaron en que Dios ayudaría a Israel a conquistar la Tierra Prometida, a pesar de unas dificultades tan gigantescas. Ahora, ambos hombres tienen más de ochenta años, la mayor parte de Canaán ha sido conquistada y el general Josué está ocupado distribuyendo las tierras entre las tribus de Israel.

Pero Caleb sigue queriendo las tierras que le había prometido Moisés por su valentía como espía, y porque "has seguido plenamente al Señor mi Dios" (Josué 14:9). De hecho, las quiere conseguir para sí y para su familia, aunque tenga que luchar por ellas. Y eso es exactamente lo que sucede. Después de recibir la bendición de Josué, Caleb dirige una serie de ataques triunfales contra la fortaleza de Hebrón en el monte, y contra otra ciudad más. ¡A los ochenta y cinco años! No en balde este hombre está clasificado como uno de los mayores guerreros en la historia de Israel.

Caleb me recuerda una importante verdad acerca de las zonas de comodidad: *Si quieres reclamar como tuyo lo mejor de cuanto Dios tiene para ti, no hagas planes para pasar demasiado tiempo en tu zona de comodidad actual.*

¿Se ha dado cuenta de que las zonas de comodidad siempre son variables? Con eso quiero decir que uno pasa de una zona de comodidad pequeña a una mayor. La siguiente zona de comodidad es mayor aun. En cada nueva zona, sentimos la misma cantidad de seguridad o de peligro, pero la zona ha crecido.

En el proceso de tomar un territorio mayor en su vida, siempre se va a mover a lo largo de unos ciclos predecibles de comodidad, incomodidad y comodidad de nuevo:

- Comodidad — Usted tiene sentimientos de descanso y seguridad cuando ocupa su territorio. Con la ayuda de Dios, ve que hay un monte que conquistar.
- Incomodidad — Tiene temores, se siente abrumado y quiere retirarse ante el nuevo desafío. Sin embargo, con la ayuda de Dios, "se esfuerza" y toma el monte.
- Comodidad — Siente júbilo, una fe mayor, se siente agradecido... y vuelve a su descanso.

Usted ha pasado por este ciclo a medida que ha ido creciendo por diferentes niveles de logros atléticos, sociales o profesionales. Tal vez lo haya visto también en el crecimiento de su ministerio. Por ejemplo, ha comenzado trabajando en la guardería infantil de la iglesia, después ha estado ayudando en la iglesia de los niños, y ahora está al frente de una bulliciosa clase de niños de doce años, disfrutándola minuto a minuto. En cada una de las etapas, ha pasado de la incomodidad a la comodidad, y se ha convertido en un candidato de primera para la incomodidad nuevamente en un lugar de servicio más grande.

¿Dónde le parece que está en este ciclo de comodidad e incomodidad? ¿Qué le dice esto sobre el lugar hacia donde lo está llevando Dios ahora?

Son incontables los cristianos que permiten que el temor los paralice, *porque dan por sentado que el temor es una luz roja de parte de Dios* (mientras que el valor es una luz verde). Sin embargo, cuando sentimos temor al seguir a Dios, se nos dice que "nos esforcemos". De hecho, los que logran cosas grandes para Dios, corren hacia la zona de incomodidad, porque ese es el principal lugar para la expansión de su territorio.

Cuando usted sigue al Señor en el ministerio, Él siempre le está tocando a la puerta con una idea mayor. Lo que quiere es que todos sus hijos e hijas sean como Caleb y como Jabes. Y un día, la idea de Dios para usted va a ser tan grande, que ir a África o a Nueva York va a parecer una simple oportunidad más para ver cómo Él cumple sus promesas.

MI DIARIO DE JABES: *"Señor, ¿qué monte quieres que pida en tu nombre hoy?"*

Los barcos están seguros en el puerto,
pero no han sido construidos para eso.

WILLIAM SHEDD

Pero los que esperan en el Señor renovarán sus fuerzas;
se remontarán con alas como las águilas, correrán
y no se cansarán, caminarán y no se fatigarán.

ISAÍAS 40:31

Citas al estilo de Jabes

Estad siempre preparados para presentar defensa con mansedumbre y reverencia ante todo el que os demande razón de la esperanza que hay en vosotros.

1 Pedro 3:15

Solo era otro día más en una carretera de Missouri, hasta que Jeff comenzó a orar. El motivo de su oración de aquel día en particular, era más grande que su territorio. Lo que tenía en la mente era convertirse en el hombre de Dios en el año siguiente dentro de su equipo de producción en la planta de ensamblaje. Lo que Dios tenía en mente era una persona pidiendo transporte al borde de la carretera.

"No puedo decir que tenga la costumbre de recoger a los que me piden transporte, Bruce", me diría más tarde. "Pero le acababa de pedir a Dios que me ampliara el territorio. Allí estaba, en mi camión, y de repente vi a un hombre que pedía transporte".

No fuera a ser que aquel hombre de la carretera fuera su cita al estilo de Jabes, Jeff se salió de la carretera y el hombre subió al camión. Mientras él volvía a entrar en la carretera, aquel hombre le dijo algo que nunca olvidará.

"Yo no soy un hombre de oración", comenzó a explicar su pasajero, "pero me imaginé que solo un cristiano me iba a recoger, así que le pedí ayuda a Dios".

Señor, eres asombroso, se dijo Jeff casi dando un grito. Ahora estaba seguro de que no se había perdido su cita con un milagro. Y estaba en lo cierto. Antes de llegar a la siguiente gasolinera, Jeff ya había llevado a su nuevo conocido a un encuentro personal salvador con Cristo.

"Ahora, cuando le pido territorio nuevo a Dios", dice Jeff, "le pido unos ojos mejores para verlo venir, y también una visión periférica mejor".

Uno de los aspectos más emocionantes de la búsqueda de las bendiciones divinas es aprender a ver lo que Él está haciendo alrededor de nosotros todo el tiempo. Jesús dijo: "Mi Padre hasta ahora trabaja, y yo trabajo" (Juan 5:17). Hasta ahora. Siempre. ¿Está preparado para esto hoy? ¿Lo está observando? ¿Sabe por lo menos qué buscar?

Hoy mismo usted puede comenzar a ver a Dios "trabajando". He aquí cinco comprensiones clave que al descubrirlas me han ayudado a ver y mantener mis citas con Dios:

1. *Todo el mundo tiene alguna necesidad.* Jesús se sentía conmovido de compasión cuando veía las multitudes. ¿Por qué? Porque podía ver en el corazón de cada persona, y sabía que Él tenía lo que cada cual más necesitaba. Por el poder del Espíritu Santo, yo soy el representante de Cristo en mi necesitada esquina del mundo. Todas las personas con las que tropiece hoy son encuentros esperando para producirse.

2. *Dios me quiere usar ahora.* El problema no está nunca en la capacidad de Dios para resolver una necesidad a través de mí, sino en que yo esté dispuesto a ser usado por Él. Isaías oyó que la voz de Dios preguntaba: "¿A quién enviaré, y

quién irá por nosotros?" (Isaías 6:8). Aunque Isaías estaba muy consciente de sus limitaciones, le respondió de inmediato: "Heme aquí, envíame a mí" (v. 8).

Dios siempre está buscando personas que estén totalmente despiertas para sostener una cita con Él. Si yo le pudiera echar un vistazo al libro de citas de Dios para saber cómo piensa utilizarme, vería que casi siempre mi cita es *ahora mismo*.

3. *El calendario de Dios para mí está repleto de sorpresas.* Yo tengo por costumbre lo que llamo "días de campo izquierdo". Son los días en los que el plan de Dios para mí me viene volando de la parte izquierda del campo de béisbol y me toma por sorpresa. Tal como comprendió Jeff, hace falta tanto usar la visión periférica, como mirar de frente. "Nunca cometa el error de tratar de predecir la forma en que Dios va a responder a sus oraciones", aconseja Oswald Chambers.

En la primera mitad del libro de los Hechos, cuando los caminos del Espíritu Santo les parecían tan sorprendentes a los discípulos de Jesús, tuvieron que aprender una y otra vez a estar listos para lo que fuera. ¿Sanar a un cojo? ¿Predicarles a miles de personas? ¿Saltar a un carro con un etíope? ¿Comer cerdo con un gentil que buscaba a Dios? ¡Sí! Todo puede pasar en un día dentro de esta asombrosa aventura de formar parte del movimiento de Dios sobre la tierra.

4. *El problema no está en las necesidades de los demás, ni* en el deseo o la capacidad de Dios en cuanto a satisfacer esas necesidades, sino en mi disposición. Por eso tengo la costumbre de orar diciendo: "Señor, permíteme ver lo que quieres hacer en mí y a través de mí hoy. No permitas que me lo

pierda". Y he aprendido que "mi Padre hasta ahora traba-ja", aquí donde yo estoy: en un aeropuerto, en un café, en un pasillo trabajando, en mi patio delantero, en un ascensor...

5. *Por consiguiente, siempre es correcto preguntar:* "¿En qué le puedo ayudar?" A esta pregunta yo le llamo mi pregunta al estilo de Jabes. Con frecuencia, sus palabras parecen pe-queñas, corrientes y débiles. Sin embargo, Dios usa esta sencilla pregunta una y otra vez para iniciar un encuentro. Pruébelo. Cuando usted le pregunte a una persona: "¿En qué le puedo ayudar?", la persona con la que tiene la cita al estilo de Jabes lo va a mirar, tal vez con un poco de sorpre-sa o asombro, y después le revelará exactamente por qué Dios los ha juntado.

Su Padre sigue trabajando hoy. Y si usted abre los ojos y la boca para que Él los use hoy, se va a encontrar con un milagro que tendrá el nombre suyo escrito por todas partes.

MI DIARIO DE JABES: *¿En qué ocasión de mi pasado he sentido con mayor seguridad que estaba acudiendo a una cita con alguien en nombre de Dios? ¿Qué hizo Dios por medio de mí? ¿Qué puedo aprender de todo aque-llo?*

He venido yo a este mundo para que los que no ven, vean.

JUAN 9:39

LA VERDAD SIMPLE Y LLANA

"Porque yo sé los planes que tengo para vosotros"—declara el Señor—"planes de bienestar y no de calamidad, para daros un futuro y una esperanza.

JEREMÍAS 29:11

Los cambios de la vida se producen cuando cambiamos nuestra forma de pensar. La verdad se malgasta en nuestra vida si no la ponemos a trabajar para que realice lo que Dios quiere. Jesús prometió: "Conoceréis la verdad, y la verdad os hará libres" (Juan 8:32). Sin embargo, la mayoría de nosotros solo somos principiantes en cuanto a experimentar las bendiciones de Dios, porque no hemos permitido que la verdad nos haga libres a base de cambiar lo que pensamos y hacemos.

Espero que usted esté mirando los límites de su vida y pensando en formas nuevas.

He aquí una sencilla verdad que lo puede transformar hoy: *Dios quiere que usted anhele con toda urgencia una vida más grande con más oportunidades de servirle.*

He aquí otra sencilla verdad: *Por mucho que quiera extender su territorio, Dios espera hasta que usted lo quiera y lo suplique con sinceridad.*

Así que pídalo con toda urgencia. Pídale una familia al estilo de Jabes —más honorable, más bendecida, más influyente— para asombro total de cuantos le rodean. Pídale más contactos de negocios, más clientes, mayores ganancias, mayor respeto e influencia en su campo profesional, y más oportunidades para poder preguntar: "¿En qué le puedo ayudar?"

Verá. Dios quiere inundar su vida con milagros. Los milagros se deberán por completo a su poder, pero para que se produzca este tipo de vida, usted tiene que hacer algo.

Piense en lo que Dios le dijo a su pueblo acerca de lo que tendría que hacer para poseer la Tierra Prometida:

- A Abraham le dijo: "*Ya es tuya*, pero tienes que comenzar un viaje que te va a sacar de lo cómodo y conocido para llevarte a lo nuevo y desconocido".
- A Moisés le dijo: "*Ya es tuya*, pero tienes que ascender al liderazgo, el servicio y el ministerio".
- A Josué le dijo: "*Ya es tuya*, pero tienes que pelear por ella".
- Al pueblo, al entrar en la Tierra Prometida, le dijo: "*Ya es de ustedes*, pero me tienen que seguir en una confianza paciente y en una profunda obediencia".
- Al pueblo, después de haber tomado posesión, le dijo: "*Ya es de ustedes*, pero deben creer esta verdad y actuar de acuerdo con ella para conservarla".

¿Le está diciendo Dios alguna de estas cosas a usted hoy? Él tiene una inmensa esfera de influencia esperándole, pero usted debe actuar de acuerdo con las verdades que ya conoce para tomarla; de lo contrario, nunca va a ser suya.

Peter, un conocido mío, llevó a su hijo adolescente, llamado Aarón, a unas vacaciones solo para ellos dos en las Cataratas de Victoria, en Zimbabue, en África. Pensaba que juntos podrían construir un recuerdo para toda la vida, recorriendo los alrededores de las cataratas más poderosas del mundo. Pero una vez que habían visto las cataratas, lo que captó la atención del joven fue la oportunidad de saltar del alto puente de una sola vía que hay en las cataratas... atado a una cuerda elástica.

"*Eso sí* que va a ser todo un recuerdo, papá", le suplicaba Aarón. "Lo cierto es que no me voy a hacer ni un rasguño. Y tengo el dinero".

No estoy seguro de lo que habría hecho yo, pero Peter aceptó, después de inspeccionar detenidamente el equipo y recibir de quienes lo operaban la seguridad de que el cordón no se habría roto, ni aunque Aarón hubiera sido un elefante. Aarón pagó su dinero, lo ataron y se lanzó de cabeza desde el puente.

Aarón gritó. A Peter le faltó poco para sufrir un ataque cardíaco. Pero el cordón resistió. Y Aarón se divirtió tanto, que saltó por segunda vez.

¿Confía usted en Dios lo suficiente como para permitir que su verdad transforme su forma de pensar y de actuar? Cuando Jabes oró al Dios de Israel, estaba lanzando con todas sus fuerzas su futuro sobre la sencilla verdad de la exorbitante bondad de Dios. Y Él le dio una vida nueva y grandiosa.

No le estoy pidiendo que sea tonto, sino solo que tenga una confianza inmensa y gozosa en su Dios. Él quiere que usted conozca la verdad acerca de los planes que tiene hoy para usted: *Mis planes para ti solo son buenos. Lo que quiero para ti es mayor que todo cuanto hayas visto hasta ahora. Y puedes confiar en mí por completo.*

MI DIARIO DE JABES: *Si le confiara plenamente a Dios mi futuro, ¿qué riesgos podría correr hoy por Él?*

La fe espera de Dios lo que se halla más allá de toda expectación.

ANDREW MURRAY

Tercera Semana

"¡SEÑOR, QUE TU MANO ESTÉ CONMIGO!"

La obra de Dios, hecha al estilo de Dios,
nunca va a carecer de la provisión de Dios.

HUDSON TAYLOR

ÉL PROPORCIONA *el* PODER

Pues nuestro evangelio no llegó a vosotros en palabras solamente, sino también en poder, en el Espíritu Santo y en plena certidumbre.

1 Tesalonicenses 1:5

Apenas se decida usted a vivir a gran escala para Dios, se va a dar cuenta de que surgen a cada paso una serie de obstáculos nuevos y abrumadores, junto a sus grandiosas oportunidades nuevas... Solo usted habrá quedado más pequeño y débil que nunca.

Hablando a lo humano, no es un momento feliz, pero sí es inmensamente prometedor en el sentido espiritual.

Es natural que nos sintamos abrumados al ver el exorbitante apuro (así es como se llama a una "oportunidad dada por Dios" en el lenguaje de Jabes) en el que nos ha metido nuestra osadía al orar. Nos golpean los límites de nuestros poderes y la seguridad de nuestro fracaso. Sentimos que estamos en el *Titanic* tratando de sacar el agua con un vaso de papel. ¿Quién no sentiría un toque de desesperación?

Sin embargo, esa es una de las razones por las que Dios nos pide que desafiemos unas posibilidades desalentadoras: quiere que crezca el tamaño de nuestra fe para que esté a la altura del destino que Él tiene para nosotros. Y durante estas ocasiones en que despertamos a nuestra gran necesidad, es cuando nos sentimos impulsados a clamar: "¡Señor, que tu mano esté conmigo!" En esos momentos de nuestra impotencia, estamos listos por fin para ser vasos del poder de Dios.

Jabes comprendió esto: Recibió la bendición, aumentó su territorio y pronto se dio cuenta de que sin el poder de lo alto, solo habría cruzado mortalmente sus límites. Pero en lugar de volverse atrás, o de orar para que disminuyeran sus problemas, oró para pedir *más* poder.

En la Biblia, la mano (o el brazo) de Dios representa su poder y presencia. Por ejemplo:

- "En Judá también estuvo la mano de Dios para darles un solo corazón para cumplir el mensaje del rey" (2 Crónicas 30:12).

- "He aquí, no se ha acortado la mano del Señor para salvar" (Isaías 59:1).

- "¡Ah, Señor Dios! He aquí, tú hiciste los cielos y la tierra con tu gran poder y con tu brazo extendido; nada es imposible para ti" (Jeremías 32:17).

En el Nuevo Testamento se le atribuye a "la mano del Señor" la asombrosa extensión del Evangelio después de Pentecostés (Hechos 11:21). El sinónimo más común de la mano del Señor en el Nuevo Testamento es la llenura del Espíritu Santo. Inmediatamente antes de su ascensión, Jesús dijo: "Recibiréis poder, cuando haya venido sobre vosotros el Espíritu Santo, y me seréis testigos" (Hechos 1:8).

¿Ha intentado alguna vez conquistar un territorio para Dios —incluso hablar a nombre de Él— y se ha dado cuenta de pronto de que no está a la altura de su tarea? No le podría decir la cantidad de veces que he alzado las manos al aire para decirle a Dios: "¡No! ¡No se puede hacer eso!" Y tampoco le podría decir la cantidad de veces que Dios ha tenido la última palabra en esa discusión.

Como parte de nuestro ministerio WorldTeach, hace algunos años estaba orando para pedir un milagroso aumento en el número de maestros de Biblia del mundo entero. La meta era alta; demasiado alta para ser cómoda. Y si fracasábamos, ¿qué diría eso con respecto a nuestra visión? ¿Cómo hallaríamos la fe necesaria para avanzar hacia la meta del año siguiente? Llegó el 31 de diciembre, y nos faltaban unos cuantos maestros. Devastado, me desahogué en oración ante Dios.

Varios días más tarde, mi ayudante entró apresuradamente a mi oficina. Un país acababa de enviar un informe con las cifras corregidas, y el nuevo total indicaba que habíamos logrado alcanzar nuestra meta... *y sobrepasarla.*

Era Dios, dejándome su tarjeta de visita. Quería que supiéramos quién aportaba el poder en aquel proyecto. Y quería que nuestra fe creciera para que estuviera a la altura de nuestras oportunidades.

Si se siente inundado por encima de su cabeza en estos momentos, entonces esta es su semana para experimentar el poder de Dios de nuevas formas.

¿Qué lo hace sentirse abrumado hoy? ¿Cuál es la meta que se siente incapaz de alcanzar? Haga un pequeño dibujo o imagen de ella dentro de un marco. Escriba su nombre dentro del marco también. Después, dibuje un gran círculo alrededor del marco, para representar a Dios. Él es mayor; Él rodea lo que para usted es un reto. En ese marco, ponga también las palabras y los símbolos que representen otros desafíos a los que se esté enfrentando. Después, ore sobre su dibujo hasta que acepte en lo más profundo del corazón que Dios es *más grande* que todas las oportunidades y todos los obstáculos.

En su viaje al estilo de Jabes, es de esperar que tenga momentos de debilidad. Pero recuerde que incluso en medio de su necesidad, usted está ejercitando los músculos de su fe. Está edificando una confianza más profunda. Y Dios está obrando. Si usted acepta para sí sus propósitos, Él le proporcionará el poder.

MI DIARIO DE JABES: *En toda mi vida, ¿cuándo he visto más el poder de Dios obrando a través de mí?*

> *No ore para pedir una tarea que esté a la altura de su poder.*
> *Ore para pedir un poder que esté a la altura de su tarea.*
>
> PHILLIPS BROOKS

> *Y el Señor dijo a Moisés: ¿Está limitado el poder del Señor?*
> *Ahora verás si mi palabra se te cumple o no.*
>
> NÚMEROS 11:23

"Por mi Espíritu"

Esta es palabra del Señor a Zorobabel: "No por el poder ni por la fuerza, sino por mi Espíritu".

Zacarías 4:6

En la Inglaterra de fines del siglo XIX, Charles Spurgeon era en todo sentido el mayor predicador de la que era entonces la capital de la nación más poderosa de la tierra. Grandes multitudes, en las que se incluían los ricos y poderosos, acudían al cavernoso Tabernáculo Metropolitano de Londres para oírlo predicar el Evangelio.

Pero mi historia favorita sobre Spurgeon es su propio relato acerca de su *peor* sermón.

El propio Spurgeon se exigía unos niveles muy altos, temiendo siempre que lo mejor de cuanto hacía no fuera lo suficientemente bueno. Un día se vieron realizados sus temores, porque predicó un sermón terrible. Estaba tan traumatizado con lo mal que había predicado, que se apresuró a llegar a su casa y cayó de rodillas. "Señor, yo soy tan débil y tú tan poderoso", dijo en su oración. "Solo tú puedes hacer que un sermón tan espantoso sirva para algo. Te ruego que lo uses y lo bendigas".

Usted y yo le habríamos dicho que dejara atrás su fracaso y siguiera adelante, pero Spurgeon siguió orando toda la semana para que Dios usara aquel terrible sermón. Mientras tanto, se dedicó a prepararse para hacer mejor las cosas el domingo siguiente. Y así fue. Al terminar aquel sermón, los miles que lo habían escuchado estuvieron a punto de sacarlo en hombros.

Pero Spurgeon no se dejó engañar. Decidió mantener un cuidadoso registro sobre los resultados de ambos sermones. Al cabo de unos meses, esos resultados estaban claros. El sermón "terrible" había llevado a cuarenta y una personas al conocimiento de Cristo; su obra maestra no había producido resultado observable alguno.

Spurgeon sabía o sospechaba lo que la mayoría de nosotros olvidamos: Nuestro éxito en el ministerio nunca tiene que ver con nuestra capacidad en primer lugar, sino con el poder de Dios y nuestro grado de dependencia con respecto a Él. Spurgeon se apoyó en Dios en medio de su debilidad, y Dios bendijo su defectuoso esfuerzo.

A medida que se vaya poniendo más y más a disposición de Dios para cumplir sus propósitos, Él le pedirá que realice cada vez más. Por supuesto, nada sustituye a la preparación responsable para la labor que tenemos delante; Dios no se dedica a compensar la pereza o la falta de compromiso. Pero en cada paso, los propósitos de eternidad verdaderos son logrados por su Espíritu, y no por el nuestro. Todo lo que nosotros ofrecemos es el vaso. Debemos estar llenos para poder servir.

Como Jabes, Zorobabel es otro personaje poco conocido de la Biblia que se enfrentó a una tarea imposible. El dolor de su vida era un dolor nacional: fue él quien guió al primer grupo de judíos que regresaron de la cautividad para hallar a su patria dominada por extranjeros y su templo en ruinas. Pero ese dolor también era personal: era descendiente directo del rey David (1 Crónicas 3:1-19) y habría podido ser el heredero al trono... Solo que no había tal trono.

En estas circunstancias tan difíciles, Dios le pidió a Zorobabel que reconstruyera el templo. La tarea parecía imposible. Los judíos estaban desmoralizados y eran pobres, y la oposición de los extraños paganos a que se levantara un nuevo templo era intensa. Pero Dios animó a Zorobabel por medio del profeta Zacarías con un mensaje memorable: "Esta es palabra del Señor a Zorobabel: 'No por el poder ni por la fuerza, sino por mi Espíritu'" (Zacarías 4:6).

En ese mismo mensaje, Dios le prometió a Zorobabel que él podría terminar el templo, y le dio a su siervo una imagen de la forma en que llegaría su éxito: "¿Quién eres tú, oh gran monte? Delante de Zorobabel serás reducido a llanura" (Zacarías 4:7).

¿Ve la asombrosa secuencia que aparece cuando Zorobabel recibe su misión?

1. *Dios le dio* a este "Jabes" una montaña que mover.

2. *Dios le dijo* que por sus propias fuerzas, no podría mover la montaña.

3. *Dios le prometió* que Él le movería la montaña.

Si usted se está enfrentando hoy a una montaña, es muy probable que se encuentre en el lugar correcto: un lugar donde Dios puede liberar su poder sobrenatural para gloria suya. Si usted está muy consciente de un "terrible" intento reciente de hablar a nombre de Dios, pídale a Él que siga llenando ese inadecuado esfuerzo con su incomparable poder.

Tal vez lo grande que es su necesidad le esté dando espacio por fin a Dios para moverse.

MI DIARIO DE **JABES:** *Busque las evidencias del poder de Dios, tal como se encuentran en Isaías 40:10-31. ¿En qué aspecto de mi vida estoy dudando de esta capacidad para ser poderoso a favor mío en el día de hoy?*

Respondiendo Jesús, les dijo: De cierto os digo,
que si tuviereis fe, y no dudareis no solo haréis esto
de la higuera, sino que si a este monte dijereis:
Quítate y échate en el mar, será hecho. Y todo lo que
pidiereis en oración, creyendo, lo recibiréis.

MATEO 21:21-22

Nadie se vuelve realmente espiritual a base de sentarse
a desearlo. Es necesario dedicarse a algo tan grande,
que no sea posible realizarlo sin ayuda.

PHILLIPS BROOKS

El canasto sin fondo

He aquí, yo soy el Señor, el Dios de toda carne, ¿habrá algo imposible para mí?

JEREMÍAS 32:27

Un restaurante puso un anuncio que decía: "Todo cuanto pueda comer, por $4.99". Un hombre hambriento entró, pagó sus $4.99 y se comió una buena comida. Después pidió otra, y también se la terminó. Pero cuando pidió la tercera, la camarera se la negó. El hombre se enojó, llamó al gerente y le señaló el cartel del escaparate. "Allí dice: 'Todo cuanto pueda comer, por $4.99', y yo todavía puedo comer más", se quejó.

El gerente se mantuvo firme. "Sí, pero *yo soy* el que dice que eso es *todo cuanto puede comer por $4.99*".

¿Sospecha usted que Dios tiene que ser como ese gerente, cumplidor de su palabra, pero solo hasta cierto punto?

A cada paso de su jornada, a medida que se adentra en la aventura al estilo de Jabes, se va a tener que enfrentar a sus propios recelos profundamente enraizados acerca de Dios. Nos pasa a todos. De alguna forma, nos tenemos que enfrentar y "desaprender" las antiguas formas de pensar:

- que Dios solo me quiere bendecir un poc;
- oque, aunque Dios tiene un plan para mí, lo más probable es que no sea importante;

- que el poder solo está disponible muy raras veces; al menos, para mi insignificante persona.

Verá. Es que metemos a Dios en una caja. Dentro de esa caja, puede ser Dios. Pero fuera de ella, dejamos que sean nuestro escepticismo, nuestro temor y nuestras pobres expectativas los que manden.

Una buena parte del ministerio de Cristo en la tierra fue un ataque directo contra esta tiranía del "Dios metido en la caja". Por ejemplo, piense en otra historia sobre "todo cuanto pueda comer": la alimentación de los cinco mil, en el Nuevo Testamento. Este suceso es tan importante, que, además de la resurrección, es el único milagro que aparece en los cuatro evangelios. (En Mateo y Marcos se relata también otra ocasión en que alimentó a cuatro mil.)

El relato de Juan 6 presenta una pesadilla logística que habría hecho encogerse a cualquier planificador de reuniones experimentado. Una multitud de personas ha seguido a Jesús a campo abierto, sin preparación alguna. Al final del día, tienen hambre, están lejos de casa y se acerca la noche. Todas las señales apuntan hacia una catástrofe. Estoy seguro de que los discípulos pensaban que al llegar la mañana, la "carrera" de Jesús iría de vuelta a casa junto con sus últimos seguidores resfriados y hambrientos. Sin embargo, a partir del almuerzo de un muchacho, Jesús alimenta a la multitud, dejando a todos satisfechos, y con comida sobrante.

Pero no se pierda la forma en que se sentían los discípulos antes que Dios se moviera. Su preocupación era válida. Sus dudas eran reales. Su situación era genuinamente desesperada. Ese punto de necesidad antes que Dios se mueva es donde somos probados una y otra vez si tomamos la decisión de vivir con la mano de Dios sobre nosotros.

No importa si lo que le falta es dinero, gente, energía o tiempo. Lo que Dios le invite a hacer, va a ser siempre más grande que los recursos con los que comienza. Vivir con la mano de Dios sobre nosotros, significa que a veces Él nos va a pedir que actuemos a pesar de las evidencias... y después vemos cambiar esas evidencias.

Pídale a Dios que le muestre hoy cuántas formas antiguas de pensar sean suposiciones erróneas acerca de la forma en que llega el éxito, o la forma en que Él obra. Después, deje que su Dios sea quien Él es en realidad. Él es un Dios de poder —disponible, esencial e ilimitado— y no hay tal caja.

MI DIARIO DE JABES: *"Señor, muéstrame de qué manera he limitado tu poder por ignorancia o incredulidad. Quiero que tú seas Dios en mi vida".*

≥≈

Cuando solo le quede Dios, entonces comprenderá
por vez primera que con Él le basta.
MAUDE ROYDEN

PODER *con un* PROPÓSITO

Pero recibiréis poder, cuando haya venido sobre vosotros el Espíritu Santo, y me seréis testigos en Jerusalén, en toda Judea, en Samaria, y hasta lo último de la tierra.

HECHOS 1:8

Un amigo mío llamado Russell tenía dieciséis años cuando se tomó en serio su fe por vez primera. Aún recuerda su primera experiencia al salir de la debilidad y experimentar la fortaleza de Dios. Una tarde, después de un concierto del grupo de jóvenes en el estacionamiento de un centro comercial, una señora se le acercó y le comenzó a hacer preguntas acerca de su fe. Aunque él no había tenido que presentar una defensa de su fe nunca antes, descubrió que le era fácil hacerlo ante aquella señora.

Más tarde, recuerda Russell, los otros jóvenes se reunieron asombrados. Querían saber dónde había aprendido él a hablar como un embajador internacional. Pero Russell estaba tan asombrado como ellos. "Era como si otra persona me hubiera saltado dentro y hubiera comenzado a hablar en mi lugar", recuerda.

Cuando les pregunto a mis oyentes acerca de experiencias similares, oigo dos temas que se repiten: "Estaba muerto de miedo" y "Cuando todo terminó, me di cuenta de que Dios le había hablado a la otra persona a través de mí".

Amigo, esto de permitir que el Espíritu hable a través de nosotros es algo que debería estar sucediendo continuamente. Forma parte de la vida cristiana *normal*. Usted y yo hemos sido llamados a ser embajadores suyos; es muy raro que use alguna otra opción. Él no va a hablar desde el cielo en nuestro lugar de trabajo, ni en los pasillos de nuestra escuela. No le va a enviar un correo electrónico a su amigo que se está descarriando. Dios necesita que la boca de los suyos esté llena de su Espíritu.

Jesús les dijo a sus discípulos en Lucas 12:11-12 que el Espíritu Santo les daría las palabras que debían decir en su hora de necesidad. Más tarde repitió esta misma promesa:

> *Pero antes de todas estas cosas os echarán mano, y os perseguirán, y os entregarán a las sinagogas y a las cárceles, y seréis llevados ante reyes y ante gobernadores por causa de mi nombre. Y esto os será ocasión para dar testimonio. Proponed en vuestros corazones no pensar antes cómo habéis de responder en vuestra defensa; porque yo os daré palabra y sabiduría, la cual no podrán resistir ni contradecir todos los que se opongan. (Lucas 21:12-15)*

Si quiere ver esta promesa en acción, no hallará mejor lectura que el libro de los Hechos. Aquí verá a Pedro, Juan, Esteban y Pablo testificar intrépida y eficazmente por Cristo, y verá al Espíritu Santo recoger la cosecha.

En Hechos 1:8, Jesús ofrece la definición más sencilla del propósito que tiene la venida del Espíritu Santo: "Pero recibiréis poder, cuando haya venido sobre vosotros el Espíritu Santo, y me seréis testigos".

Piense en la llenura del Espíritu Santo como si fuera energía eléctrica: Usted hace que le traigan la electricidad con cables hasta su casa por muchas razones. La usa según la necesita. Si usa alguna, hay más disponible. El poder espiritual es parecido. Cuando usted esté preparado para ensanchar su territorio, el Espíritu de Dios aumentará el poder que fluye en su interior. Usted *sabrá* que está funcionando en el ámbito de un poder que es mayor que su persona. Y aunque será transformado por este tipo de experiencia, va a necesitar seguir en conexión con la fuente del poder para continuar obteniendo resultados.

El Nuevo Testamento usa la imagen verbal de la "llenura" como si el Espíritu fuera un líquido, y usted necesitara regresar de nuevo para volverse a llenar. Cuando Pablo exhorta diciendo: "Sed llenos del Espíritu" (Efesios 5:18), literalmente quiere decir que *nos sigamos llenando* del Espíritu. Esta clase de llenura es distinta al hecho de que el Espíritu de Dios resida permanentemente en nosotros desde el momento de nuestra salvación. Pero Él nos llena más para tareas concretas en el ministerio... si se lo pedimos.

Hechos recoge tres episodios separados en los cuales Pedro fue lleno del Espíritu Santo. Pídale a Dios que lo llene poderosamente del Espíritu Santo a diario. No le estará pidiendo una sensación, ni la entrada en alguna zona especial; le estará pidiendo su poder. No le estará pidiendo una conducta extravagante; el Espíritu Santo lo hace todo pacíficamente y en orden (1 Corintios 14:33). No le está pidiendo que le haga perder el control de sí mismo; el Espíritu no se quiere llevar sus pensamientos ni pasar por encima de su personalidad. Le estará pidiendo a Dios que obre *a través* de usted, y que lo haga de una manera poderosa.

¿Hace tiempo desde la última vez que habló como representante de Dios? He aquí una promesa para que se la lleve consigo hoy: "

"Yo, el Señor, soy tu Dios... abre bien tu boca y la llenaré" (Salmo 81:10).

MI DIARIO DE JABES: *¿Cuándo fue la última vez que oré de forma concreta y urgente para ser lleno del Espíritu Santo?*

✽

No hay un solo pasaje del Antiguo Testamento ni del Nuevo en el cual se hable de la llenura del Espíritu Santo y no se relacione con el testimonio de servicio.

R. A. TORREY

Y la esperanza no avergüenza; porque el amor de Dios ha sido derramado en nuestros corazones por el Espíritu Santo que nos fue dado.

ROMANOS 5:5

LOS VALIENTES y OSADOS

Porque no nos ha dado Dios espíritu de cobardía, sino de poder,
de amor y de dominio propio.

2 TIMOTEO 1:7

Henry Ward Beecher, famoso predicador del siglo XIX, se lanzó en cierta ocasión contra las fuerzas de corrupción que había en Indianápolis, su ciudad. Hizo más que identificar los pecados: llamó por su nombre a los pecadores, exhortando a los líderes de la industria licorera y de los juegos de azar al arrepentimiento.

Una noche, mientras él caminaba por la ciudad, uno de estos desagradables personajes salió de un callejón y lo apuntó con una pistola.

—Retráctese de lo que dijo, reverendo, o disparo —gruñó.

—Dispare —le dijo Beecher mientras seguía caminando—. No creo que usted pueda dar en el blanco tan bien como lo hice yo.

El asaltante bajó la pistola.

La osadía de Beecher es admirable. Es especialmente difícil tener el valor necesario para oponerse a puntos de vista populares, o para defender los valores morales absolutos en estos días en que nuestra cultura adora la comodidad, la tolerancia y la protección de las decisiones personales. Sin embargo, el valor ha sido llamado "la piedra angular de las virtudes". Cuando lo perdemos, nos volvemos incapaces de tener ninguna otra virtud.

La mejor manera que yo conozco de vivir osadamente, es vivir en el poder del Espíritu. Ayer le sugerí que revisara el libro de los

Hechos, para obtener una buena imagen de la forma en que el poder del Espíritu Santo brota en nosotros cuando entramos a hacer la obra de Dios. Solo en Hechos 4 encontramos la palabra *osadía* tres veces. No es demasiado sorprendente, puesto que los cristianos estaban esparciendo el Evangelio en unos ambientes hostiles: sinagogas, cárceles, multitudes que arrojaban piedras, tribunales romanos e incluso otros creyentes que disentían con respecto a sus ideas.

Pero tal vez usted diga: "Yo no soy Pablo, ni tampoco soy el reverendo Beecher. Aun así, ¿puedo ser valiente —e incluso osado— por Dios?

Sí. Conozca a un jovencito llamado Timoteo, pastor de corta edad a quien Pablo llama su "verdadero hijo en la fe" (1 Timoteo 1:2). Habría sido difícil encontrar dos hombres más distintos. Pablo no le temía miedo a nada; Timoteo era tímido. Pablo era un hombre decidido; Timoteo se angustiaba con facilidad. A Pablo le encantaba improvisar; Timoteo prefería el orden y la rutina. Cuando era necesario, Pablo no vacilaba en enfrentarse a alguien; Timoteo corría grandes riesgos para mantener la paz.

Sin embargo, Pablo vio en su joven protegido un príncipe de Dios. Captamos el sabor del afecto de Pablo y su visión para Timoteo en este conocido pasaje:

A Timoteo, amado hijo... Te aconsejo que avives el fuego del don de Dios que está en ti por la imposición de mis manos. Porque no nos ha dado Dios espíritu de cobardía, sino de poder, de amor y de dominio propio. *Por tanto, no te avergüences de dar testimonio de nuestro Señor, ni de mí, preso suyo, sino participa de las aflicciones por el evangelio según el poder de Dios"* (2 Timoteo 1:2, 6-8, énfasis del autor).

¿Permitió Timoteo que su naturaleza cohibida fuera un obstáculo para el destino que Dios le tenía preparado? De ninguna manera. Se convirtió en el líder de los creyentes de Éfeso, probablemente la iglesia más grande de aquella zona. En la última carta de Pablo desde la prisión, lo elogia como "del mismo ánimo" (Filipenses 2:20) y por ser alguien sinceramente preocupado por él: "Pero ya conocéis los méritos de él, que como hijo a padre ha servido conmigo en el evangelio" (v. 22).

¿Pasa usted por momentos de temor cuando se enfrenta a la gran tarea que Dios le ha puesto delante? Eso es normal. Tenga la seguridad de que, en el momento correcto, Dios le proporcionará las palabras correctas que debe decir, y la osadía necesaria para decirlas, de una manera como nunca habría creído posible.

MI DIARIO DE JABES: *¿Cuál temor en concreto es el que me está impidiendo ser osado para Dios? ¿Qué es lo peor que podría suceder, si ese temor resultara cierto? ¿Qué cosas buenas podrían suceder?*

*Deme un centenar de hombres que solo le teman al pecado,
y solo deseen a Dios, y sacudiré al mundo. No me importa en absoluto
que sean clérigos o laico; ellos solos echarán abajo el reino de Satanás
para edificar el Reino de Dios sobre la tierra.*

JOHN WESLEY

*Cuando hubieron orado, el lugar en que estaban congregados
tembló; y todos fueron llenos del Espíritu Santo, y hablaban
con denuedo la palabra de Dios.*

HECHOS 4:31

SIN ORGULLO POR DENTRO

Y la gente, al verlo, se maravilló y glorificó a Dios, que había dado tal potestad a los hombres.

MATEO 9:8

El Mesías de Handel glorifica el nombre de Dios más poderosamente que ninguna otra música que haya escuchado jamás. Su punto culminante, el "Coro de Aleluyas" nunca deja de emocionarme. El compositor consagró de manera consciente su obra a la gloria de Dios, y Dios la ha usado por más de dos siglos y medio. Pero, ¿ha oído usted la historia de su primera presentación?

El 23 de marzo de 1743, Handel presentó por vez primera su oratorio en Londres, ante un público en el cual se hallaba el propio rey. A medida que avanzaba la presentación, todo el mundo parecía haberse dado cuenta de que estaba escuchando algo eterno y santo. Cuando comenzó el "Coro de Aleluyas", el rey estaba tan embargado por la emoción, que se puso en pie de un salto. Siguiendo el protocolo, el resto del público también se puso en pie. Junto con el rey, todos permanecieron de pie hasta que se apagaron los últimos compases de la obra en aquel salón. Desde entonces, cada vez que se presenta este coro, el público se levanta. "¡Rey de reyes!", canta el coro. "¡Señor de señores! ¡Y reinará por siempre y siempre!"

Darle a Dios toda esa gloria por toda la eternidad es la gran meta de la vida al estilo de Jabes. Sin embargo, el desliz más fácil de cometer cuando vemos que Dios obra poderosamente a través de nosotros, es atribuirnos el mérito nosotros mismos. Pero Dios no quiere compartir su gloria, ni siquiera con usted y conmigo, que somos sus hijos escogidos. La quiere toda (Isaías 42:8). Escuche esta asombrosa declaración sobre sí mismo que le hace Dios a Moisés: " pues no adorarás a ningún otro dios, ya que el Señor, cuyo nombre es Celoso, es Dios celoso (Éxodo 34:14). Y recuerde, entre los Diez Mandamientos, los cuatro primeros están dedicados a proteger el nombre, la honra y la gloria de Dios.

La mayoría de los cristianos luchan con esta cuestión de la glorificación personal. ¡Qué difícil es ser el centro de la atención, y enfocar ese centro en otra persona! Y mientras más participemos usted y yo en cosas grandes para Dios, más tentados nos sentiremos a creer que de alguna forma somos la causa de esas grandes cosas, y que somos necesarios en ellas.

Sin embargo, usurpar la gloria de Dios es un grave delito. Se lo podría preguntar a Moisés, quien apartó los ojos de Dios mientras hacía la obra de Él —sacar agua de una piedra— y así desobedeció. Al improvisar sobre las claras instrucciones recibidas de Dios, Moisés robó una gloria que solo era de Él; aquella demostración era ahora acerca de él, y no de Dios y de su inmenso poder. Como consecuencia de haber tomado la gloria de Dios, a Moisés nunca se le permitió entrar a la Tierra Prometida (Números 20:12). La gloria es de Dios, y solo de Él, y el propósito del Espíritu Santo es siempre engrandecer su nombre.

Todos necesitamos oír palabras de aliento, pero hay una línea a partir de la cual la forma en que recibimos los elogios pasa de alimentarnos espiritualmente a convertirse en egoístamente orgullosa. Piense en estos últimos días, y pídale a Dios que le señale los momentos en que ha codiciado la gloria de alguna forma. Lo exhorto a que los anote en su diario. "Pero lejos esté de mí gloriarme, sino en la cruz de nuestro Señor Jesucristo", escribe Pablo, "por quien el mundo me es crucificado a mí, y yo al mundo" (Gálatas 6:14).

¿Me permite que le hable de otro gran compositor? Su nombre era Haydn, y compuso una obra maestra tomada de las Escrituras, llamada *La Creación*. Un año antes de su muerte, solo tenía la salud suficiente para oírla tocar. Cuando lo entraron en la sala de conciertos en silla de ruedas, se desbordó el entusiasmo del público. Sobre el gran músico llovieron aplausos y frases de elogio. Necesitó toda su fuerza para ponerse de pie, levantar las manos al cielo y gritar: "¡No, no! ¡Esto no salió de mí, sino de *allí;* del cielo es de donde todo ha venido!"

Su vieja y cascada voz debe haber sonado como música en los oídos de Dios.

MI DIARIO DE JABES: *¿Qué persona en mi vida me inspira más en cuanto a la forma en que le da gloria a Dios?*

Mientras nos estemos dando la gloria unos a otros, mientras busquemos, amemos y protejamos celosamente la gloria de esta vida —la honra y la reputación que proceden de los hombres—, no buscaremos ni podremos recibir la gloria que viene de Dios. El orgullo hace imposible la fe.

ANDREW MURRAY

Aquí y ahora

He aquí ahora el tiempo aceptable; he aquí ahora el día de salvación.

2 Corintios 6:2

L a pareja vestida con camisas floreadas que compartía conmigo el ascensor era de edad mediana y parecía un poco aburrida. Yo acababa de llegar para dirigir un seminario sobre avances espirituales. Después resultó que ellos iban a asistir a mi seminario.

—¿Y qué clase de avances quieren ustedes? —les pregunté.

El esposo dijo que su matrimonio se hallaba en un estado terrible desde hacía algún tiempo. De hecho, me dijo que no estaban seguros de que valiera la pena salvarlo, pero tenían la esperanza de que surgiera algo pronto.

—¿Quieren salvar su matrimonio? —les pregunté.

Ambos dijeron al mismo tiempo: —¡Por supuesto!

—Y Dios, ¿quiere Él salvarlo? —les pregunté. Ambos dijeron que sí.

—Entonces, no tenemos nada que esperar. Dios quiere que ustedes tengan ese avance en su matrimonio *ahora mismo.*

—¿Quiere decir aquí mismo, en este ascensor? —me preguntó el hombre con una risa nerviosa.

Yo tenía mi "sí" listo, cuando llegamos al piso de ellos. Salimos a un pequeño vestíbulo. Mientras contemplábamos juntos la ciudad desde allí, recorrimos las acciones y los acontecimientos que tan profundamente habían herido su relación.

—¿Creen que el poder de Dios está a su total disposición aquí mismo, junto a este ventanal? —les pregunté. Cuando ellos me dijeron que sí, oramos juntos.

Al separarnos, les di unos cuantos puntos de partida para renovar su relación.

—Pueden estar seguros de que Dios va a comenzar a reconstruir su matrimonio enseguida, ¿saben?

De nuevo, ambos parecieron asombrados. Les dije que me mantuvieran informado sobre cómo les iba durante los dos días siguientes.

Me alegra informarle que Dios salvó ese matrimonio. Y todo sucedió como consecuencia de un fuerte principio espiritual: *Dios nos da su poder para aquí y ahora*. Nosotros pensaremos, deliberaremos y añejaremos las cosas por meses, pero Dios está listo para comenzar enseguida cuando se trata de cosas que se hallan dentro de su voluntad.

Piense en lo que esto implica:

- Si Dios le está pidiendo que detenga una actividad que está comprometiendo su vida o deshonrándolo a Él, su poder para ayudarlo está a su disposición de inmediato. Su voluntad es que usted lo haga *ahora mismo*.

- Si usted necesita poner orden en su economía, o en sus hábitos de mayordomía, su sabiduría y su poder se hallan a su disposición al instante. Y su voluntad es que usted lo haga *ahora mismo*.

- Si su amigo necesita oír el mensaje de salvación, el Espíritu Santo está dispuesto ahora mismo a ayudarlo para que dé el primer paso y diga las primeras palabras. Y su voluntad es que usted lo haga *ahora mismo*.

En Hechos 8, Felipe compartió el Evangelio con un viajero etíope que estaba tan emocionado, que le dijo: "Aquí hay agua; ¿qué impide que yo sea bautizado?" (v. 36). ¿La respuesta? ¡Ninguna! ¿Para qué esperar? Felipe no esperó. Y tan pronto como la salvación terminó de abrirse paso, "el Espíritu del Señor arrebató a Felipe" para llevárselo a otra misión importante (v. 39).

La palabra "arrebató" capta el anhelo y la urgencia que siente Dios de que usted y yo llevemos las Buenas Nuevas al mundo entero:

- ¿Qué impide que usted sea el vocero de Dios en su propio hogar?
- ¿Qué impide que usted dé fruto para Dios en su trabajo?
- Lo rodea un mundo en necesidad. ¿Qué impide que usted manifieste el poder de Dios y aumente la población del cielo?

No hay tiempo que perder. No se puede seguir "en la rutina diaria". Usted lo puede servir aquí y ahora, y entonces el Espíritu de Dios lo arrebatará para llevarlo a alguna tarea nueva e importante para Él.

¿No quisiera vivir ese tipo de aventura? ¿Se le ocurre algo más digno de su entrega total? El poder y la presencia de Dios están listos para usted... *ahora mismo.*

MI DIARIO DE JABES: *¿Qué cosa nueva me está pidiendo Dios que haga hoy?*

🌿

Tomo la decisión de vivir con todas mis fuerzas mientras me quede vida.
Tomo la decisión de nunca perder un instante Y de mejorar mi uso del
tiempo de la forma más provechosa que pueda. Tomo
la decisión de no hacer nunca nada que no haría si estuviera
en la última hora de mi vida.

JONATHAN EDWARDS

Cuarta Semana

"¡SEÑOR, LÍBRAME DEL MAL!"

Muchos dicen de mi alma: Para él no hay
salvación en Dios. Mas tú, Señor,
eres escudo en derredor mío,
mi gloria, y el que levanta mi cabeza.

SALMO 3:2-3

¡Allí, ni vayas!

Y no nos metas en tentación, mas líbranos del mal.

Mateo 6:13

Cuando usted toma un territorio para Dios, se lo está quitando a otro. Está pecando contra el pecado en usted mismo, en el mundo y en el ámbito espiritual. Si nunca antes ha sentido lo que es una hostilidad real, la va a sentir ahora.

Por eso, la súplica de Jabes de que Dios lo libre del mal es tan necesaria, e incluso revolucionaria.

¿Ha notado el paralelo entre esta parte de la oración de Jabes y la que Jesús les enseñó a sus discípulos? Cuando ellos le pidieron: "Señor, enséñanos a orar" (Lucas 11:1), Él les dio a esos amigos suyos una oración modelo. Una de sus tres peticiones tenía que ver con la tentación (las otras dos eran para pedir provisión y para pedir perdón). Les dijo: "Cuando oréis, decid... No nos metas en tentación, mas líbranos del mal" (vv. 2, 4).

Así aprendemos que la estrategia más importante para vencer a la tentación es evitarla por completo. En la semana próxima vamos a ver algunas formas importante de hacer el intento por llevar una vida libre de pecado. Pero Jabes nos quiere recordar hoy que la primera táctica es también la mejor: *Permanece fuera de concurso. ¡Allí, ni te acerques!*

¿Lo asombra la sencilla verdad que hay en este consejo? Así debería ser. Va contra nuestros reflejos llenos de orgullo a los que les encanta el riesgo. *Nos gusta* jugar con el peligro, tener opciones y enfrentarnos al peligro, creyendo que siempre podemos conseguir más poder que nuestros enemigos.

Pero con la tentación, esos instintos nos meten en problemas. ¿Por qué? En primer lugar, porque la tentación nos enfrenta a nuestra propia naturaleza de pecado y a todos los poderes del mal. Esa combinación nos puede llevar a pecar. Y Dios no quiere que pequemos. El pecado nos debilita y pone en peligro nuestra capacidad para recibir el favor y el poder divinos.

En segundo lugar, porque si nunca fuéramos tentados, nunca pecaríamos. ¿Qué razón tendríamos para hacerlo? Por eso Satanás inició su engañoso encuentro en el Huerto. Estaba creando lo que llama la Biblia "una ocasión de pecado". Necesitamos permanecer alejados de la ocasión siempre que nos sea posible. Alguien dijo: "El que no quiera comer la fruta prohibida, debe mantenerse lejos del árbol prohibido". Por tanto, cuando su primera línea de defensa es la de orar "Mantenme alejado del mal", y no la de "No permitas que peque", habremos dado un gran salto hacia la victoria.

Si piensa que estoy haciendo juegos de semántica, necesita hablar con alguien que haya vencido el alcoholismo. Le dirán que, *por haber decidido no seguir bebiendo,* se mantienen alejados de los bares, de las tiendas de licores y de los amigos que beben. No guardan bebidas alcohólicas en su casa, ni la famosa "hora feliz" es opción alguna en su horario. Sencillamente, han decidido *por adelantado* privarse de algunos placeres a fin de ganar otros que son infinitamente más valiosos.

Un día, un conocido me confió que estaba luchando con la pornografía. Me dijo que hacía algún tiempo, había comenzado a pasar por una tienda de videos pornográficos cuando regresaba a casa después del trabajo. Aquello se había vuelto un hábito.

—¿Puede tomar otra ruta para volver a casa? —le pregunté. Por el aspecto de su rostro, me di cuenta de que nunca había pensado en esa posibilidad. Pensó un rato, y después siguió.

—Pero cuando llego a casa, miro programas de basura en HBO después que mi esposa se va a dormir.

—¿Quiere dejar ese hábito de verdad? —le pregunté. Me dijo que sí.

—Entonces, cancele su suscripción a HBO.

—¡No sé si podré hacer *eso!* —exclamó.

—Bueno —le contesté—, por lo menos, cuando esté listo para hacerlo, sabrá exactamente lo que tiene que hacer, de manera que nunca tenga que volver a caer en ese pecado.

Unas cuantas semanas más tarde, me llamó para decirme que estaba volviendo a casa por una ruta distinta, su suscripción a HBO había pasado a la historia, y estaba disfrutando de un buen sueño pacífico junto a su esposa.

Es agradable pensar que usted y yo le podemos pedir a Dios que nos ayude a evitar el mal, ¿no es cierto? Es como un padre que le advierte a su hijo cuando están cerca de un rápido: "Hijo, ni te acerques por aquellas rocas". Dios está vigilando para su seguridad. Si usted se lo pregunta, Él le dirá dónde *no debe* ir.

Lo que a usted le corresponde es orar para pedirle protección contra el mal hoy, darle gracias por su cuidado y obedecerle.

Mi diario de Jabes: *¿Cuándo he sentido que el Espíritu me advertía que me mantuviera alejado de algún lugar de tentación? ¿Qué sucedió?*

Velad y orad, para que no entréis en tentación; el espíritu
a la verdad está dispuesto, pero la carne es débil.

Mateo 26:41

Es mejor no morder el cebo, que luchar con la trampa.

John Dryden

La compuerta *de* salida

No os ha sobrevenido ninguna tentación que no sea humana; pero fiel es Dios, que no os dejará ser tentados más de lo que podéis resistir, sino que dará también juntamente con la tentación la salida, para que podáis soportar.

1 Corintios 10:13

Imagínese por un minuto que está de pie frente a su casa. Ve que se acerca un extraño por la calle. Está vestido de negro, y mientras se le acerca, nota que está mirando los números de los buzones de correos y de las casas. Se da cuenta de que aquel personaje ha venido para hacerle daño, así que se esconde detrás de un seto. El extraño, tan pronto como halla su dirección, se llega a su puerta y toca.

Mientras usted observa, se abre la puerta, y ve algo asombroso. El que responde a la puerta es Jesús.

El extraño titubea. "Perdone, pero ¿no es aquí donde vive ___?" Y dice el nombre de usted.

Jesús le responde. "Así es, pero mi amigo me ha pedido que le vigile la puerta".

El extraño se pone tenso, rechina los dientes y parece estar pensando abrirse paso a la fuerza. Entonces, baja la vista hacia la mano que está en el pomo de la puerta. Ve las cicatrices de los clavos. Después levanta la vista hacia la cabeza de Jesús, y las marcas de las espinas.

Y frunce el ceño, mientras se da media vuelta para marcharse...

He descrito una estrategia defensiva usada por Martín Lutero, el gran reformador del siglo XVI, cuando se enfrentaba a tentaciones de todo tipo. En el frente de batalla de un avivamiento espiritual que estaba haciendo temblar al mundo, Lutero se sentía personalmente bajo un ataque constante. Su historia acerca de Jesús que respondía a la puerta de su hogar cuando llegaban a llamarlo las tentaciones, tenía un propósito concreto. Era su forma de meditar en una poderosa verdad acerca del poder de Cristo para ayudarnos a escapar de la tentación: "Pues en cuanto él mismo padeció siendo tentado, es poderoso para socorrer a los que son tentados" (Hebreos 2:18).

¿Se ha dado cuenta de la maravillosa "cláusula de escape" que hay en el versículo de hoy? Dios, en su fidelidad, se compromete a no permitir que ninguna tentación lo lleve más allá de su capacidad para resistir. Porque "juntamente con la tentación", nos proporcionará *la* salida" (1 Corintios 10:13). Observe que la Biblia no dice *"una* salida".

He aquí cómo yo hago funcionar esa verdad en mi vida. Si me siento realmente tentado a pecar, digo en voz alta: "¡Esta tentación [menciono el pecado] *no es* demasiado fuerte para mí, porque mi Padre la ha limitado a lo que puedo resistir en este mismo instante!"

Después añado: "Y la verdad de esto es que hay una salida para esta tentación ahora mismo, y Dios no va a permitir que me domine".

Le puedo asegurar que a las tentaciones no les gusta verse atrapadas bajo la luz deslumbrante de tantas verdades. Cuando usted las pone al descubierto, llamándolas por su nombre y apoyándose en las promesas de Dios, corren de vuelta a las tinieblas, gimoteando. Entonces, usted ve esas seducciones como realmente son: endebles y miserables artificios enviados para obstruir y hacer daño.

¿Comprende ahora que Dios lo quiere ayudar en las tentaciones; más que ayudarlo, protegerlo de ser tentado más allá de sus fuerzas para resistir; más que protegerlo, *abrirle el camino para que escape de ellas?*

Todo esto es cierto. No tiene por qué tener miedo de nuevo, pero tampoco podrá andarse con excusas otra vez. Jesucristo ya se enfrentó a esta tentación por usted. Y ya le ha preparado la huida.

MI DIARIO DE JABES: *¿En qué circunstancias desafiantes he tenido más éxito en cuanto a evitar las tentaciones? ¿Qué principios puedo identificar a partir de estas experiencias, que podría aplicar en otros aspectos en los que aún estoy luchando?*

Sabe el Señor librar de tentación a los piadosos.

2 PEDRO 2:9

Descifrar la derrota

Cada uno es tentado, cuando de su propia concupiscencia es atraído y seducido.

Santiago 1:14

¿Qué pasaría si usted pudiera entrar hoy en la tienda de campaña del general enemigo y escuchar los planes que tiene para acabar con sus defensas? ¿No se pasaría usted el día actuando de una forma totalmente distinta, ajustando sus movimientos para contrarrestar los de él, mucho más seguro con respecto a sus posibilidades de triunfar?

Quiero ayudarlo a hacer esto. Satanás sabe que usted nunca va a poder liberarse de sus ciclos de pecado, a menos que abra los ojos a sus patrones de conducta y mire con detenimiento el atractivo persistente que tiene el propio pecado. Por eso, si mira más de cerca sus derrotas, reconocerá las estrategias favoritas de su enemigo para vencerlo.

Cuando dirijo grupos para tratar el tema de la santidad personal, les pido a los participantes que hagan un inventario con uno o dos pecados que sean los que más les molestan. Verá: aunque somos capaces de cometer muchos pecados distintos, nuestra principal lucha con las tentaciones se suele reducir a dos o tres formas de conducta que repetimos constantemente, muchas veces por años. Por tanto, una de las formas de huir de la tentación consiste en descubrir estos patrones y responderles con un plan para obtener la victoria.

Las siguientes preguntas le pueden ayudar a crear un perfil personal de pecado:

1. *¿Cuál es el día de la semana en que peco más?*
2. *¿En qué momento del día peco más?*
3. *¿Dónde estoy cuando peco más?*
4. *¿Quién está conmigo cuando peco más?*
5. *¿Qué pecado o pecados cometo con mayor frecuencia en esas circunstancias?*

Tómese un instante para preparar sus propias respuestas. Dicho sea de paso, he descubierto que el ochenta por ciento de los que responden, crean el mismo perfil: "Peco más los viernes o los sábados por la noche, en casa, estando solo".

Ahora quiero que se concentre un poco más en lo que está pensando:

6. *¿Cuáles son las emociones negativas concretas que siento inmediatamente antes de pecar?* Convierta su respuesta en un hallazgo personal: "Las emociones negativas que siento inmediatamente antes de ceder ante la tentación son _____".

La mayoría descubren asombrados que los sentimientos que encuentran muestran un patrón que se repite una y otra vez: los mismos sentimientos llevan a los mismos fallos en un ciclo que se repite. Lo más frecuente es que los participantes hablen de sentirse abrumados, solos, rechazados, aburridos, traicionados, sin valor, cansados, enojados o ansiosos; cualquier cosa, menos la paz y el consuelo.

Ahora está usted listo para la pregunta final:

7. *En el momento en que soy tentado, ¿qué me promete esa conducta de pecado?* La mayoría de las personas contestan: "Lo que me promete la tentación es que, si cometo ese pecado, el sentimiento negativo que estoy experimentando en esos momentos va a desaparecer, o va a ser reemplazado por un fuerte sentimiento positivo".

Tanto si estamos tratando de buscar el placer, como si queremos escapar al dolor, el poder de las tentaciones procede de lo que prometen: "Puedo hacer que te sientas bien ahora mismo". Por supuesto, Dios nos hizo para que no nos gustara el dolor y disfrutáramos del placer. En eso no hay pecado. El daño se produce cuando buscamos lo que debemos, donde no debemos.

Así que pídale a Dios que lo ayude a decidir lo que puede hacer ahora para prepararse ante esos sentimientos negativos que aparecen una y otra vez, y que lo dejan listo para caer: *evitarlos, compensarlos, impedir que se produzcan*. Entonces, cuando vea que el enemigo pone en marcha hoy el mismo plan de siempre para aplastarlo, tendrá en su lugar una alternativa positiva.

¿Se quiere escapar? ¡Eso espero!

No reine, pues, el pecado en vuestro cuerpo mortal, de modo que lo obedezcáis en sus concupiscencias... sino presentaos vosotros mismos a Dios como vivos de entre los muertos, y vuestros miembros a Dios como instrumentos de justicia. Porque el pecado no se enseñoreará de vosotros. (Romanos 6:12-14)

Mi diario de Jabes: *¿Qué placer me está llevando al pecado últimamente? ¿Qué dolor? ¿Tienen alguna relación entre sí?*

Si sigues haciendo lo que siempre has hecho, siempre lograrás lo que siempre has logrado.

John Maxwell

Es raro que las tentaciones se aparezcan en las horas de trabajo. Los hombres se hacen o se destruyen en sus momentos de ocio.

W. N. Taylor

Adiós, tentación... en tres minutos

Porque el Señor es el Espíritu; y donde está el Espíritu del Señor, allí hay libertad.

2 Corintios 3:17

Ayer vimos los patrones de pecado: esas respuestas a la tentación que se van repitiendo, y que tienen que ver con la mayor parte de los "problemas de pecado" que hay en nuestra vida. Hoy lo quiero ayudar a descubrir algo que comienza con lo que ya hemos aprendido, y hacer una pregunta más: "Tanto si peco por buscar el placer, como si lo hago por disimular el dolor, ¿no sería menos probable que pecara, si ya no me sintiera angustiado, sino consolado?"

Hace años, me hallaba en una situación en la que *no quería* pecar en un aspecto determinado, pero la tentación me asediaba continuamente. ¿Acaso no habrá respuesta real alguna que me dé la victoria?, me preguntaba. Aún recuerdo con exactitud dónde estaba sentado, cuando el Señor me abrió el entendimiento a una respuesta evidente, pero poco comprendida, que nos ha ayudado, tanto a mí como a miles de personas más.

He aquí lo sucedido: Después de darme cuenta de que me sentía angustiado inmediatamente antes de cada tentación, y de que en última instancia, lo que estaba buscando era un consuelo, le pedí a

Dios que me mostrara otra forma de hallarlo. Entonces recordé la promesa de Jesús de que nos enviaría consuelo.

> *Y yo rogaré al Padre, y os dará otro Consolador, para que esté con vosotros para siempre: el Espíritu de verdad, al cual el mundo no puede recibir, porque no le ve, ni le conoce; pero vosotros le conocéis, porque mora con vosotros, y estará en vosotros. (Juan 14:16-17)*

Es increíble que Jesús nos haya dado al Espíritu Santo para que sea nuestra fuente de consuelo personal, que habite en nosotros. Por alguna razón, nunca había vinculado esta provisión sobrenatural con mi batalla contra el pecado. Me pregunté qué sucedería, si le pedía concretamente este consuelo divino en un momento de tentación. ¿Me daría el Espíritu Santo el consuelo que necesitaba, para que sintiera menos necesidad de pecar?

Decidí intentarlo. "Amado Espíritu Santo", oré, "tú me has sido enviado para que seas mi Consolador personal. Necesito ese consuelo con urgencia. No quiero pecar. Te ruego que me consueles. En el nombre de Jesús. Amén".

Me quité el reloj para ver lo que sucedería. Al principio no sucedió nada. Sin embargo, en algún momento me di cuenta de que me sentía consolado. No supe con exactitud cuándo se había producido ese consuelo, sino que se había producido. Sentía mi alma aliviada, y ya no sentía dolor.

Cuando me volví hacia la tentación, descubrí que ya se había replegado a las tinieblas, lejos de mis sentidos. Estaba libre. En lugar de hallar difícil no pecar, ahora lo hallaba fácil, porque se había desvanecido el empuje de aquel pecado, y mi necesidad más profunda había sido satisfecha.

Desde entonces, he orado a mi Consolador muchas veces, y he descubierto dos verdades. La primera, que el Espíritu Santo siempre

—y cuando digo "siempre", es siempre— cumple con su responsabilidad en mi corazón. La segunda, y tal vez esto lo sorprenda, que siempre me da su consuelo dentro del plazo de tres minutos, aunque nunca puedo decir con precisión en qué segundo exacto lo ha hecho.

Ahora, a esta oración para pedir consuelo la llamo La Destructora de Tentaciones en Tres Minutos. Hoy, cuando se sienta fuertemente tentado a pecar, recuerde que le puede llevar a Dios esa necesidad subyacente de realización y consuelo. Pídale a su Consolador que lo consuele. Después, quítese el reloj y mida el tiempo en este milagro de intervención divina. Le garantizo que el Espíritu lo va a consolar en menos de tres minutos. Y ya para entonces, no va a necesitar pecar, porque la tentación se habrá desvanecido.

MI DIARIO DE JABES: *¿He pedido alguna vez el consuelo que trae el Espíritu Santo? ¿Cuándo lo he experimentado últimamente?*

Andad en el Espíritu, y no satisfagáis los deseos de la carne...
El fruto del Espíritu es amor, gozo, paz, paciencia,
benignidad, bondad, fe, mansedumbre, templanza.

GÁLATAS 5:16, 22-23

Las fuerzas hostiles

Sed sobrios, y velad; porque vuestro adversario el diablo, como león rugiente, anda alrededor buscando a quien devorar; al cual resistid firmes en la fe.

1 Pedro 5:8-9

En los tiempos bíblicos, había leones salvajes que rondaban por los matorrales que rodeaban al Jordán, y en las zonas desoladas de las regiones desérticas y los montes. Así que, la descripción de Satanás como un león hambriento que acecha a su presa, era una imagen muy viva para los primeros cristianos. Algunos comentaristas piensan que esta mención de 1 Pedro puede haber tenido un significado doble para ellos: También describía cómo el emperador Nerón seleccionaba a los cristianos para enviarlos a morir en las arenas repletas de bestias hambrientas.

¿Ha "oído" rugir últimamente a su adversario espiritual en los bordes de su vida, tal vez hasta tirándole mordidas en su misma cara?

Nuestro adversario es real. Es un ser espiritual que instiga la persecución y el sufrimiento, y su propósito es destruir nuestra fe. Sin embargo, no tenemos que vivir en un continuo temor por causa de él. Es interesante que nuestra defensa contra los ataques espirituales deba ser distinta a la defensa contra las tentaciones. Como hemos visto, se nos aconseja que "huyamos" de las tentaciones (2 Timoteo 2:22). En cambio, se nos dice: *"Resistid* al diablo, y huirá de vosotros" (Santiago 4:7, cursiva del autor).

Los que atraen la atención de Satanás son los que se toman realmente en serio la idea de hacer algo para Dios. Puede reconocer su opresión a base de algunas señales reveladoras:

- Todo cuanto usted haga que esté relacionado con la obra de Dios, se volverá mucho más difícil de lo que debería ser, sin que haya ninguna razón que lo explique.
- Estará lleno de agitación en sus emociones: Se sentirá abrumado, indigno, confuso, desorientado y lleno de dudas; querrá echarlo todo a rodar; sentirá que no es usted quien debe hacer ese trabajo; tal vez hasta se ponga a decir: "Tengo ganas de morirme".

Amigo, estos son los procedimientos con los que normalmente opera Satanás. Todos los creyentes que quieran servir a Dios de una manera significativa, se van a enfrentar con este tipo de hostilidad, sobre todo cuando se comprometen a tener unos logros mayores para Dios. Todo esto sucede con una finalidad en mente: hacer que echemos todo a rodar.

El enemigo se opone de esta misma forma a todos los adelantos espirituales sobre los cuales leemos en la Biblia. Uno de los mejores casos se halla en el libro de Nehemías. Este hombre había aceptado el reto de ayudar a los exiliados que habían regresado a Jerusalén en la reconstrucción del muro que rodeaba a la ciudad. Sin esos muros, Jerusalén estaba indefensa contra los salteadores, y el pueblo de Dios tenía que vivir en medio de la ignominia (Nehemías 2:17).

En los seis primeros capítulos del libro, a la misión de Nehemías por Dios y por su nación se oponen el ridículo (2:19), la resistencia (3:5), el desaliento dentro de sus propias filas (4:10), las amenazas de violencia (4:11), las acusaciones falsas (6:5-9) y la corrupción (6:17-19).

Pero Nehemías resiste. Contraataca con la oración constante y con una confianza inquebrantable en el llamado y el favor de Dios. Es líder con su ejemplo, animándolos, exhortándolos y resolviendo los problemas a cada paso. Cuando los enemigos amenazan con atacar, les ordena a todos sus hombres que porten armas; la mitad de ellos edifica, al mismo tiempo que la otra mitad vigila. "Nosotros, pues, trabajábamos en la obra", informa; "y la mitad de ellos tenían lanzas desde la subida del alba hasta que salían las estrellas" (4:21).

Después de meses de trabajar con este tipo de diligencia, Nehemías y sus constructores triunfaron. El muro estaba terminado. Nehemías había "recuperado" a Jerusalén de las ruinas, y le había acarreado gloria a Dios.

A fin de seguir tomando territorio para Dios hoy, necesita comenzar con el consejo de Pedro de que sea "sobrio y vigilante". Si escribe sus victorias y sus luchas en su diario de Jabes, esto se convertirá en un poderoso instrumento para lograrlo. La sobriedad se produce cuando conocemos la realidad acerca de nuestros hambrientos enemigos espirituales, y ponemos a nuestro alrededor la protección suprema y el favor de Dios, además de ponernos toda la armadura que está a nuestra disposición para la guerra espiritual (Efesios 6:11, 13).

La vigilancia lo mantendrá alerta para escuchar su rugido, y libre de sus garras.

MI DIARIO DE JABES: *En toda mi vida, ¿cuándo he sentido más la hostilidad de Satanás? Si miro al pasado, ¿puedo ver algunas razones posibles? ¿Qué sucedió?*

El que ora debe librar una poderosa batalla contra las dudas y las murmuraciones levantadas por la debilidad del corazón y la indignidad que sentimos dentro.

MARTÍN LUTERO

La serpiente antigua lo tentará y seducirá, pero la oración la hará salir huyendo, y si mientras tanto, usted hace algo útil, va a bloquear su principal manera de acercársele.

TOMÁS À KEMPIS

LA LIBERACIÓN

La justicia de los rectos los librará; mas los pecadores serán atrapados en su pecado.

PROVERBIOS 11:6

Harry Houdini, el escapista y mago más famoso de la historia, nunca encontró una celda o una bóveda de banco que lo pudiera retener. Se escapó de un tanque de agua donde lo habían dejado suspendido cabeza abajo, encadenado y con esposas, y dado por muerto. En una ocasión se escapó de una celda "a prueba de fugas" en una cárcel de Washington donde había estado el asesino de un presidente; después sacó a los demás presos y los encerró en celdas diferentes.

Las hazañas de Houdini dependían de unas habilidades físicas increíbles y de una meticulosa preparación. Pero en una ocasión en que no estaba preparado, esto le costó la vida. Estaba en Montreal en 1926 presentando su espectáculo, y se le acercó tras el escenario un estudiante que había oído decir que a Houdini le podían golpear el estómago sin que sintiera dolor. El estudiante, que no sabía que Houdini siempre endurecía sus músculos antes de hacer este truco en el escenario, le dio un par de puñetazos fuertes antes que él estuviera preparado. Las heridas internas que se produjeron le causaron una infección, y murió pocos días más tarde.

Toda esta semana hemos estado hablando de las estrategias de escape al estilo de Jabes. Me parece que Jabes le habría dicho a

Houdini: "Ni te aparezcas por el espectáculo, Harry, que tarde o temprano, cuando no estés preparado, te van a atrapar en tu propio juego".

Entonces, ¿qué hace falta para atrapar desprevenido a un Houdini o un Jabes? En realidad, no hace falta gran cosa. Como afirma nuestro versículo de hoy, la recompensa de una vida justa es que somos librados de las trampas. No obstante, el historial de gente que ha caído en trampas dentro del ministerio cristiano es descorazonador. Hace algunos años, el Dr. Howard Hendricks, del Seminario de Dallas, se dedicó a estudiar a los hombres dedicados por completo al ministerio que habían experimentado fuertes fallos en su moralidad. Halló que un total de doscientos cuarenta y seis hombres habían caído dentro de un período de dos años. Esto equivale a más de dos "Jabes" al mes que se venían abajo en llamas, y algunos de ellos, arrastrando a mucha gente consigo.

Amigo mío, mientras más lejos vaya usted en el camino, más importante se vuelve la protección contra las tentaciones. Hay varios factores que se combinan para ponerlo en un grave riesgo:

- Sus decisiones, ejemplo e influencia afectan a más personas.
- Sus oportunidades lo pueden dejar espiritual, física y emocionalmente agotado.
- Sus éxitos en un ministerio importante lo pueden convencer de que es menos vulnerable, en lugar de pensar que lo es más.
- Su responsabilidad ante Dios es mayor.

"No tenga más cuidado con nadie, que consigo mismo", escribía Charles Spurgeon; "llevamos dentro nuestro peor enemigo". Y mientras más nos use Dios, más fácil será que se deslice en nuestro pensamiento una mentira que no vamos a expresar con palabras: "Dios no me dejaría caer, aunque esté pecando. Es demasiado lo que me necesita y me prefiere". Pero un día lo van a atrapar desprevenido tras el escenario y le van a dar un puñetazo que podría acabar con todo.

He notado que cuando Satanás hace caer a un Jabes, le trata de hacer la mayor cantidad posible de daño. El momento, la forma, las circunstancias; trata de hacer lo más grande que pueda nuestro fallo, de manera que cause dolor *en todas partes*. Usted sabe de qué estoy hablando. Usted conoce la cantidad incontable de personas que no quieren saber nada del cristianismo a causa de lo que hizo su antiguo pastor. Ese pastor no comenzó su ministerio con el propósito de causar dolor. Lo comenzó con la intención de traer bendición. Sin embargo, como Houdini, cayó en una trampa hecha por él mismo.

Lo cierto es que, mientras más lejos vayamos por Dios, más estrecho se volverá el camino, y más fuertemente nos juzgará Dios si caemos en un pecado grave. Hemos probado cosas maravillosas salidas de sus manos, pero lo podemos perder todo, por un tiempo o por el resto de nuestra vida. El dolor puede llegar a ser desconcertante.

Recuerdo haber tratado de ministrar después de haber cometido un pecado. Me sentía terriblemente mal, pero quise seguir adelante para Dios. Estaba sentado en una plataforma, preparándome para ministrarles a mis oyentes, como siempre había hecho, cuando sentí unas cuantas palabras en el corazón: *No tienes ni idea del poco valor que vas a tener si yo te quito la mano de encima.*

Me sorprendí horrorizado, y tengo la esperanza de nunca recuperarme de esa sorpresa.

Únase conmigo todos los días en la labor de dejar a un lado los pecados que nos enredan. Caminemos hacia delante hoy, buscando el favor de Dios con vigilancia, humildad, fidelidad, una conciencia limpia y una gran esperanza.

MI DIARIO DE JABES: *¿En qué aspecto de mi vida es más probable que yo le busque excusas a mis pecados, tome la costumbre de dar por segura la gracia de Dios?*

*Pero en una casa grande, no solamente hay utensilios de oro
y de plata, sino también de madera y de barro; y unos son
para usos honrosos, y otros para usos viles. Así que, si alguno
se limpia de estas cosas, será instrumento para honra,
santificado, útil al Señor, y dispuesto
para toda buena obra.*

2 TIMOTEO 2:10-21

*Las tentaciones son como los vagabundos; trátelas bien,
y van a regresar trayendo otras más consigo.*

AUTOR DESCONOCIDO

HIJOS *de la* LUZ

Porque en otro tiempo erais tinieblas, mas ahora sois luz en el Señor; an-
dad como hijos de luz (porque el fruto del Espíritu es en toda bondad, jus-
ticia y verdad), comprobando lo que es agradable al Señor.

EFESIOS 5:8-10

Yo trabajo con un joven profesional (al que llamaré Charlie),
el cual llegó en cierta ocasión a un momento de avance en
su vida que no parecía tener nada de prometedor. Él lo describe
así: "En mi mente, estoy de pie en un oscuro vestíbulo. Veo una
luz frente a mí, y esa luz es mi vida actual. Sin embargo, me siento atrapado en mi pasado, y no puedo avanzar hacia la luz".

La sombría imagen que vio Charlie no me sorprendió. Solo con
observarlo en los últimos meses, me había dado cuenta de que estaba atado por dentro a algo.

Una noche ya tarde, comenzamos a hablar. Su conversación giró
hacia el colegio universitario y una serie de fracasos académicos. Las
cosas habían cambiado drásticamente cuando lo diagnosticaron con
el Desorden por Déficit en la Atención. Después de someterse a los
medicamentos, había terminado sus estudios con notas de sobresa-
liente. Pero había algo que iba terriblemente mal.

Me habló de la secundaria, y después del final de la primaria. Me
hizo una crónica de las humillaciones y las burlas que recibía de sus
compañeros. Me habló de todos los maestros que lo habían echado

de lado porque estaban seguros de que él no se estaba esforzando. Pronto, sus recuerdos habían vuelto hasta el tercer grado.

—Ya en tercer grado, yo sabía —me dijo.

—¿Sabías qué? —le pregunté.

—Que iba a fracasar. Que por mucho que me esfuerce, *soy* un fracaso.

Habían encontrado y tratado su problema médico, pero su corazón seguía encadenado. Para salir adelante, necesitaba cambiar de forma de pensar con respecto a sí mismo. La verdad estaba allí, esperando a que él la recogiera para hacerla suya.

—Pero yo te conozco —le dije—. El Charlie que yo conozco *no es* un fracaso. Tú eres un hombre de logros. Y ahora sé que también eres un vencedor lleno de valentía.

Entonces le pedí que se imaginara que estaba de nuevo en aquel vestíbulo oscuro. Pero esta vez, le sugerí que buscara un interruptor en la pared; el que decía: "La verdad sobre Charlie".

—Enciéndelo —le dije. Las lágrimas le comenzaron a rodar por el rostro.

Después de unos cuantos minutos, le pregunté:

—Y ahora, ¿estás dispuesto a caminar hacia delante?

—¡Ya estoy comenzando a caminar! —me dijo.

¿Se siente impedido hoy por pecados, fracasos o traumas emocionales del pasado? La verdad lo puede hacer libre. ¿Se siente cargado con viejas acusaciones, como le pasaba a Charlie? El versículo de hoy le dice que usted es hijo de la luz, y que su verdadera libertad se halla en permitir que la luz de Dios resplandezca en su vida.

A medida que ha estado leyendo las selecciones diarias de esta semana, se habrá encontrado unas cuantas verdades inmensas sobre una vida libre de tinieblas y de derrotas. Nuestra reflexión se ha centrado concretamente en la tentación y el pecado, y el dolor que causan. Pero me pregunto: ¿Qué verdades necesita usted captar aún?

He aquí una recapitulación de lo que hemos aprendido:

- Dios quiere que usted huya de las tentaciones, y que ore a diario para pedirle que lo proteja de ellas;
- Dios le va a proporcionar la vía de escape para todas las tentaciones a las que se tenga que enfrentar:
- Es sabio que se dedique a comprender cómo, por qué y cuándo se producen ciertos pecados que aparecen una y otra vez; puede evitar una gran cantidad de tentaciones si satisface las necesidades subyacentes que representan estos pecados, de otras formas que sean honorables ante Dios;
- El Espíritu Santo está listo para darle el consuelo que necesita, de manera que no sienta la necesidad de pecar en ese momento;
- El diablo huirá de usted si se le resiste en el poder de Dios;
- Mientras más poderosamente lo use Dios, más va a necesitar la protección divina contra las tentaciones y contra los ataques directos del enemigo.

Lo animo a que ponga por obra cada una de estas transformadoras verdades hoy mismo, de una manera deliberada, persistente y llena de expectación. Dios nunca ha deseado que usted se pase sus días atado al dolor, convertido en víctima de las tentaciones, o saboteado por el pecado. "Así que, amados", exhorta Pablo, "puesto que tenemos tales promesas, limpiémonos de toda contaminación de carne y de espíritu, perfeccionando la santidad en el temor de Dios" (2 Corintios 7:1).

Pocos días más tarde vi a Charlie y le pregunté cómo le iba.

—Soy otra persona totalmente distinta —exclamó.

Me dijo que aquel mismo día, Dios había hecho fluir la reafirmación sobre su vida, utilizando a docenas de personas.

—Me doy cuenta de que ya no soy aquel niño atrapado en las tinieblas —me dijo—. *Ahora* estoy viviendo bajo la luz de la verdad.

MI DIARIO DE JABES: *"Señor, yo soy hijo de la luz. Muéstrame aquellas partes antiguas de mi vida en las que aún necesito encender el interruptor de las verdades que tú me estás mostrando".*

> *Yo soy la luz del mundo; el que me sigue, no andará*
> *en tinieblas, sino que tendrá la luz de la vida.*
>
> JUAN 8:12

CELEBRACIÓN *del*
MILAGRO DE JABES

Sin Cristo, no doy ni un paso;
con Él, voy donde sea.

DAVID LIVINGSTONE

¿ES POSIBLE QUE DIOS SEA TAN BUENO?

Y le respondió: Yo haré pasar toda mi bondad delante de tu rostro,
y proclamaré el nombre del Señor delante de ti.

ÉXODO 33:19

En realidad, ¿hasta qué punto cree usted que Dios es bueno? Estoy hablando de ser tierno, bondadoso y generoso. En este mes pasado, hemos dedicado muchos días a hablar de su extraordinaria bondad, pero quiero ayudarlo a ver hoy que para seguir alcanzando esa vida más grandiosa que Dios le está trayendo, necesita estar continuamente abierto a la posibilidad de que lo sorprenda —lo estremezca incluso— su amplia generosidad. Y no me estoy refiriendo a una especie de bondad divina general hacia el mundo; me refiero a su generosidad hacia usted.

Yo fui profesor en un colegio universitario cristiano. Un lunes me vino a ver muy desanimado una alumna de último año. Era estudiante de sobresalientes, animadora de juegos, muy apreciada y seria en su caminar con el Señor. Pero me confesó que se sentía sola y deprimida. Nos tomó un tiempo llegar al punto álgido: su vida social. No había tenido una cita con nadie desde el semestre anterior.

—Julie, ¿oras? —le pregunté.

Como era una buena estudiante de colegio bíblico, se sobresaltó.

—Por supuesto que oro. *¡Me exigen* que lo haga!

Yo seguí insistiendo.

—¿Sobre qué oras?

Ella me comenzó a dar toda una lista: misioneros, amigos, parientes que no eran salvos, enfermos...

—Pero, ¿oras alguna vez por ti misma? —le pregunté.

—Claro; oro para que mi cristianismo sea más fuerte y para ser más fiel en cuanto a...

—Julie —la interrumpí—, ¿le has pedido a Dios que te consiga una cita con alguien?

—¡Doctor Wilkinson! —me dijo, alzando los ojos—. ¡Dios no arregla citas!

—Espera un poco —le dije—. Tú has leído el Antiguo Testamento. Él enviaba esposas, ¿no? Hasta le consiguió un segundo esposo a Rut.

Julie se quedó atónita en su asiento. Un Dios que pudiera ser tan bueno, no parecía real. Sin embargo, cuando se marchó de mi oficina, habíamos tomado un acuerdo. Ambos oraríamos todos los días para que Dios le consiguiera una cita, *y que lo hiciera antes de la noche del viernes*.

Es posible que diera la impresión de sentirme seguro cuando Julie se marchó, pero apenas se había ido, llamé ansiosamente a casa.

—¡Darlene, mejor que comiences a orar! —le dije a mi esposa, y le conté lo del acuerdo que había hecho con Julie.

Al día siguiente, un esbelto alumno de último año llamado Ed entró a mi oficina (¡ya se imagina dónde va a terminar la historia!). Ed se sentía muy desdichado. Le había pedido a otra joven que se casara con él, y ella le había dicho que no; un "no" de esos definitivos, de "no-me-lo-vuelvas-a-preguntar". Ed sabía que nunca volvería a ser feliz, y estaba pensando en dejar los estudios. Yo solo tuve que pensar un instante lo que le tenía que decir.

—Ed, necesitas salir con otras jóvenes tan pronto como sea posible —le dije—. De hecho, necesitas invitar a salir a alguien este viernes por la noche.

En uno de los actos de fe más atrevidos de mi vida, no le mencioné a Julie.

Al principio, el estudiante despreciado puso reparos, pero cuando se marchó de mi oficina, también habíamos llegado a un acuerdo. Ed iba a tratar de encontrar alguien con quien salir.

El resto de la semana, Darlene y yo oramos. Ed apartó sus pensamientos de su desilusión para centrarlos en la noche del viernes. Y Dios obró.

El lunes siguiente por la mañana, cuando iba atravesando el recinto, vi que Julie corría hacia mí. Sus pies apenas parecían tocar el suelo. Lo primero que me quiso contar fue la maravillosa cita que había tenido el viernes por la noche... con un joven llamado Ed.

—Usted conoce a Ed, ¿no es cierto? —me preguntó.

—Un poco —le dije, tratando de no echarme a reír.

Cuando ella acabó de hablar emocionada acerca de su fin de semana, yo le pregunté:

—Julie, ¿cómo te sientes con respecto a Dios?

Ella se quedó callada, y después comenzó a mover la cabeza con asombro.

—¿Sabe? Siempre había creído que Dios me amaba —me dijo—, pero por vez primera, siento que realmente *le caigo bien*.

¿Comprende que Dios es *así* de bueno... y que usted le cae bien? Él quiere responderle sus grandiosas y transformadoras oraciones, y anhela satisfacer también sus anhelos más íntimos y personales.

El milagro de Jabes comienza en la vida cuando nos damos cuenta de pronto de la asombrosa bondad de Dios. La convicción diaria de que *solo hemos probado el principio* es la forma en que mantenemos creciendo ese milagro para el resto de nuestra vida.

MI DIARIO DE JABES: *¿He experimentado la extravagante bondad de Dios recientemente? ¿He estado suplicando obtenerla?*

*Porque tú, Señor, eres bueno y perdonador, y grande
en misericordia para con todos los que te invocan.*

SALMO 86:5

*Los únicos límites a la oración son las promesas de Dios,
y su capacidad para cumplirlas: "¡Abre tu boca, y la llenaré!"*

E. M. Bounds

¿Quién, yo?

¿Quién ha hecho la boca del hombre? ¿O quién hace al hombre mudo o
sordo, con vista o ciego? ¿No soy yo, el Señor? Ahora pues, ve, y yo estaré
con tu boca, y te enseñaré lo que has de hablar.

Éxodo 4:11-12

Cada vez que se pregunte qué habría estado pensando Dios cuando llamó a alguien como usted a una aventura de fe tan extraordinaria, recuerde a un pastor entrado en años, con mal carácter y un historial estropeado. Se llamaba Moisés. Fue uno de los más grandes líderes del Antiguo Testamento, y también uno de los más reacios.

Su historia al estilo de Jabes comienza en lo más escondido de Madián, región desolada al este de la península del Sinaí. Después de unos comienzos prometedores como hijo adoptivo en la corte del faraón, las cosas se vinieron abajo con gran rapidez.

Un día se encontró a un capataz egipcio golpeando a un israelita. Enojado, y creyendo que nadie lo veía, mató al egipcio y lo enterró en la arena. Al día siguiente, cuando trató de separar a dos israelitas que estaban peleando, uno de ellos le dijo: "¿Quién te ha puesto a ti por príncipe y juez sobre nosotros? ¿Piensas matarme como mataste al egipcio?" (Éxodo 2:14).

Sintiéndose rechazado por su propio pueblo y descubierto como asesino, Moisés huyó. Durante cuarenta años, permaneció escondido en el desierto pastoreando ovejas, convertido en fugitivo del fracaso y la vergüenza.

Pero Dios aún tenía planes para él. Un día, le habló desde una zarza ardiendo, y la proposición que le hizo tiene el estilo de Jabes: "Te enviaré a Faraón, para que saques de Egipto a mi pueblo, los hijos de Israel" (Éxodo 3:10).

Si tenemos en cuenta las circunstancias y el historial de Moisés, su respuesta es comprensible. "¿Quién soy yo?", le pregunta. Casi lo podemos ver boquiabierto de asombro. El futuro tan extraordinario que Dios tiene para él lo ha lanzado a una crisis de identidad en gran escala.

¿Reconoce ese reflejo? Dios siembra una semilla en su Espíritu; un plan poco corriente y emocionante con el fin de ensanchar su territorio para Él. Pero usted ve unas cuantas cosas que Dios debe haber pasado por alto. Por ejemplo, ve aquello que "los otros" que triunfaron parecían tener, y usted no tiene. Ve que esto le exigiría sacrificio personal. Ve la tristeza de su propia existencia, su dudoso pasado, su difícil personalidad, sus capacidades en desuso...

¿Por qué *no* habrían de lanzarlo a una crisis de identidad los extraordinarios planes de Dios para usted?

Si mira el relato de la conversación entre Dios y Moisés (Éxodo 3-4), verá que Moisés va poniendo una objeción tras otra al destino que Dios tiene en mente para él:

- ¿Quién soy yo para ir?
- ¿Quién soy yo para ser su líder?
- ¿Quién les voy a decir que me ha enviado?
- ¿Y si no me creen?

Después de decirle a Dios que su principal descalificador es que no es bueno para hablar, Moisés termina su defensa con una desesperada súplica: "¡Señor, búscate otro que haga eso, por favor!"

Con todo, Dios insiste. Y triunfa.

Espero que usted no ignore este encuentro en el desierto como una especie de melodrama de escuela dominical con sandalias de plástico, barbas de algodón y ovejas de cartón. *Se trata* de una crisis de identidad, y es el momento definidor en la vida de Moisés. Como habrá notado, todas sus preguntas y preocupaciones son buenas. Y todos sus sentimientos de incapacidad son reales. Sin embargo, después que él acepta, Dios usa a este pastor tímido y reticente para lograr una de las hazañas más asombrosas de las realizadas por los líderes de la historia.

Si no ha llegado a este tipo de momento decisivo aún, llegará a él algún día. ¿Cómo lo sé? Por qué para realizar su milagrosa obra para el reino a través de usted, Dios va a tener que llamarlo a pasar más allá de la verdad acerca de usted mismo, y mostrarle que lo que importa en realidad es la verdad acerca de Él. Le dirá, como le dijo a Moisés: "Yo soy Dios". "Yo te estoy enviando". "Mi poder y mi presencia irán contigo". "Nunca te abandonaré".

Y ése será el comienzo de su nueva identidad: un héroe improbable cuyo Dios es lo suficientemente fuerte, amoroso, fiel y presente, como para lograr cuanto Él lo llame a hacer.

Por si acaso se pregunta alguna vez qué habría estado pensando Dios cuando llamó a alguien como usted, lea el elocuente discurso de despedida de este pastor (el Deuteronomio entero). Hallará un hombre tan transformado por toda una vida de ver lo que Dios puede hacer, que no pasa un solo minuto sacando a relucir lo que *él* puede o no puede hacer.

MI DIARIO DE JABES: *¿Cuál es la empresa más grande para Dios que me lo puedo imaginar a Él llamándome a realizarla? ¿Cómo me siento con respecto a esto?*

El Señor irá delante de ti; El estará contigo, no te dejará ni te desamparará; no temas ni te acobardes.

MOISÉS A JOSUÉ, SU SUCESOR,
EN DEUTERONOMIO 31:8

*Hacemos bien en recordar, antes de consignar el concepto
del liderazgo espiritual al terreno de las superestrellas,
que servimos a un Dios que invadió este planeta como
un recién nacido pequeño y frágil.*

STACY RINEHART

Solo el que puede ver lo invisible puede hacer lo imposible.

FRANK GAINES

Guárdalo para siempre
en el corazón

Oh Señor, Dios de nuestros padres Abraham, Isaac e Israel, preserva esto para siempre en las intenciones del corazón de tu pueblo, y dirige su corazón hacia ti;

1 Crónicas 29:18

Una noche, un príncipe llamado Salomón trató de alcanzar la vida de bendición, y Dios le respondió. El príncipe, tal como usted sabe por la Biblia, lo tenía todo a su favor: un padre legendario y poderoso, un reino estable y el favor de Dios desde su nacimiento.

Como resultado directo de las bendiciones de Dios, Salomón se convirtió en el rey más rico y sabio de la historia de Israel. No obstante, solo estuvo a la altura de una fracción de su potencial. La Biblia dice que siendo ya de edad avanzada, "su corazón no estuvo dedicado por entero al Señor su Dios" (1 Reyes 11:4). Su reputación quedó manchada, aun antes de su muerte, y su legado quedó echado a perder por los excesos materiales, las concesiones, la inmoralidad y la idolatría.

Una noche, milenios más tarde, un vendedor de calzado alcanzó la vida de bendición, y Dios le respondió. Se llamaba Dwight L. Moody. Sentado en un culto de noche en Chicago, Moody escuchó proclamar al predicador que con una sola persona que estuviera "totalmente consagrada a Él", Dios podía sacudir al mundo. Entonces decidió que él sería ese hombre.

Como resultado directo de las bendiciones de Dios, la predicación de Moody llevó a Cristo a millones de personas. En el punto más alto de su ministerio, un periodista enviado a entrevistarlo regresó con un informe muy franco: "No veo nada de extraordinario en este hombre". Sin embargo, hasta el día de su muerte, Moody siguió impactando de forma drástica por Cristo a la eternidad. Su enfoque de la evangelización masiva y de testimonio personal afectaron el curso de la Iglesia en los Estados Unidos y siguen influyendo en evangelistas como Billy Graham y Luis Palau.

Un día, usted extendió la mano para alcanzar la vida de bendición, y Dios le respondió. ¿Cómo terminará su historia de milagros y bendiciones?

Aunque la vida de bendición comienza con una sencilla petición, solo puede continuar si nuestro corazón está consagrado por completo al Señor. Podremos echar a andar con las ventajas de un príncipe, o con las limitaciones de un vendedor de calzado, y Dios apenas parecerá notarlo. Lo que importa es el sacrificio diario y continuo de nuestros deseos y voluntad a Él.

Siempre me conmueve el ejemplo del apóstol Pablo. De hecho, en cierto sentido, la figura de Pablo parece tener relación, tanto con Salomón como con Moody. Por una parte, era un brillante y culto fariseo; por otra, era un fabricante de tiendas de campaña común y corriente por profesión. Sin embargo, observe que su legado eterno no depende de ninguna de las dos cosas.

Desde el momento en que Cristo lo llamó, Pablo nunca volvió la mirada atrás. Y mientras más lejos iba en su viaje espiritual, menos distracciones y concesiones podía tolerar. Escuche su testimonio, cercano ya al final de su vida:

Pero cuantas cosas eran para mí ganancia, las he estimado como pérdida por amor de Cristo....pero una cosa hago: olvidando ciertamente lo que queda atrás, y extendiéndome a lo que está delante, prosigo a la meta, al premio del supremo llamamiento de Dios en Cristo Jesús.
(Filipenses 3:7, 13-14)

¿Cómo podemos mantener usted y yo nuestro corazón consagrado y nuestro legado asegurado? Aprendiendo del consejo de Pablo, podríamos resumir un plan de acción para toda la vida, en tres sencillos compromisos:

- Poner a Cristo en primer lugar en nuestros pensamientos y acciones.
- Esforzarnos por seguir hacia la meta de Dios para nuestra vida.
- Dejar atrás el pasado.

Cuando Dios lo llamó a una vida más grande para Él, y usted respondió, Él tenía en mente un premio. Busque el premio, amigo mío, hasta que respire su último aliento. Hasta el momento de entrar a la eternidad, nunca conocerá por completo las dimensiones de su generoso amor y sus importantes propósitos para usted.

Esforcémonos juntos por llegar a ese día, recordando al Señor y al llamado que tenemos en Él, y olvidándonos de todo lo demás.

Si usted y yo mantenemos este tipo de feroz lealtad a Dios en el corazón, muy pronto estaremos de pie ante su trono, gozando de unas grandes expectativas. Junto a nosotros estarán Jabes y los de su clase —pastores, vendedores de calzado y de todo— ansiosos por darnos la bienvenida y escuchar más historias asombrosas sobre la vida totalmente consagrada. Y juntos, vamos a oír que Dios nos dice: "Bien, buenos siervos y fieles. Entrad en el gozo de vuestro Señor".

MI DIARIO DE JABES: *¿Cuáles son los relatos acerca del poder, la protección y la bendición de Dios en mi vida que es más probable que quiera celebrar con Jabes por toda la eternidad?*

*La piedra que desecharon los edificadores ha venido
a ser la piedra principal del ángulo. Obra del Señor es esto;
admirable a nuestros ojos. Este es el día que el Señor
ha hecho; regocijémonos y alegrémonos en él.*

SALMO 118:22-24

*Pues mirad, hermanos, vuestra vocación, que no sois muchos
sabios según la carne, ni muchos poderosos, ni muchos nobles;
sino que lo necio del mundo escogió Dios, para avergonzar
a los sabios; y lo débil del mundo escogió Dios, para avergonzar
a lo fuerte; y lo vil del mundo y lo menospreciado escogió
Dios, y lo que no es, para deshacer lo que es, a fin de que
nadie se jacte en su presencia.*

1 CORINTIOS 1:26-29

Estoy dispuesto a ir donde sea, siempre que sea hacia delante.

DAVID LIVINGSTONE

EXPERIMENTE EL PODER DE LA ORACIÓN QUE BENDIJO A JABES

¿Quiere ser bendecido por Dios abundantemente? ¿Está listo para alcanzar lo extraordinario? ¿Para pedirle a Dios las incontables bendiciones que Él anhela darle? Únase a Bruce Wilkinson para que descubra cómo la notable oración de un héroe bíblico poco conocido, puede liberar la gracia, el poder y la protección de Dios.

La oración de Jabes • Tela • ISBN 0-7899-0948-0

¿ESTÁS PREPARADO PARA LA REVOLUCIÓN?

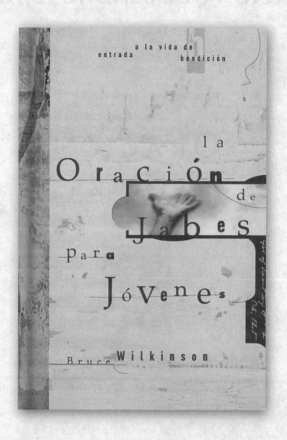

La *revolución* de Jabes; eso es. La que te lleva fuera de la medio-cridad y te sitúa en el camino para lograr la vida más plena y con más recompensas que pudieras imaginarte.

La oración de Jabes para jóvenes • Tela • ISBN 0-7899-1009-8

ÁBRASE PASO HACIA LA VIDA ABUNDANTE

    ¿Es ora de cambiar la mediocridad por una vida llena de utilidad? ¿Quiere experimentar el gozo de hacer un impacto máximo por Dios? Camine junto a Bruce Wilkinson a través de Juan 15. Descubra por qué Jesús es la Vid de la vida.

Secretos de la vid • Tela • ISBN 0-7899-0987-1

VIVE LA PALABRA DE DIOS
CADA DÍA...

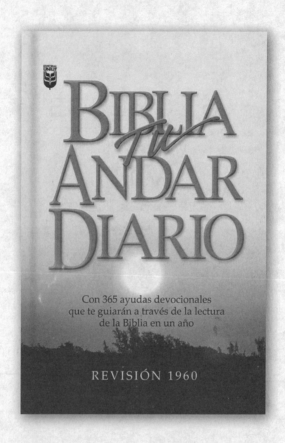

Ahora por primera vez ha sido incorporado un plan innovador y sistemático para leer la Biblia. Con 365 ayudas devocionales que te guiarán a través de la lectura de la Biblia en un año. En la conocida y aceptada revisión 1960.